Lateinisches Unterrichtswerk

Ausgabe C

2. Fremdsprache

in Zusammenarbeit mit
Karl-Ernst Petzold
von Eduard Bornemann

neu bearbeitet von
Ernst Gebhardt, Paul Kroh, Kurt W. Reinhardt

Band I/Teil 1

Texte und Übungen

Cornelsen

Band I/Teil 1 enthält:

- T Texte aus vielen Bereichen des Altertums, besonders natürlich aus dem römischen Leben
- A Arbeitsanweisungen zur Erschließung der Texte
- ⓘ Informationen über die in den Texten vorkommenden Personen und Sachen
- Ü Übungen und Aufgaben zur Vertiefung und Überprüfung
- Z Zusatz-Texte, meist Originale aus Werken römischer Dichter und Schriftsteller

Namens- und Sachregister

Band I/Teil 2 enthält:

Abkürzungsverzeichnis grammatischer Begriffe

- W Wortschatz, nach Lektionen gegliedert; die Lernvokabeln sind durch halbfetten Druck hervorgehoben
- G Grammatische Erklärungen zu den einzelnen Lektionen, zum Lernen und Nachsehen bei späteren Gelegenheiten (mit Hilfe des Registers)
- R Regeln, kurz und knapp, zum Auswendiglernen, das Wichtigste aus der Grammatik in Stichworten

Tabellen mit allen Deklinationen und Konjugationen zum Nachschlagen und Auffinden

Grammatisches Register zum Aufsuchen bestimmter Punkte oder Fragen aus der Grammatik

Alphabetisches Wörterverzeichnis, in dem alle Vokabeln des Buches stehen

Abkürzungen in den Satzbildern

S	Subjekt
P	Prädikat
GO	Genetiv-Objekt
DO	Dativ-Objekt
AO	Akkusativ-Objekt
NS	Nebensatz
AB	Adverbiale Bestimmung
AB (AuW)	- der Art und Weise
AB (Z)	- der Zeit
AB (O)	- des Ortes
AB (M)	- des Mittels
AB (Gem)	- der Gemeinschaft
AB (U)	- des Urhebers

Verweise

1 T	Text der Lektion 1
1 T 3	Satz 3 des Textes der Lektion 1
T 3	Satz 3 des Textes der Lektion, in der man sich gerade befindet
1 A 3	Arbeitsanweisung 3 in Lektion 1

Entsprechendes gilt für die Abschnitte Ü, Z und G.

4. Auflage 1993
Alle Drucke dieser Auflage können, weil untereinander unverändert, im Unterricht nebeneinander verwendet werden.

Druck: Cornelsen Druck, Berlin
ISBN 3-454-72400-7
Bestellnummer 724007

Inhaltsverzeichnis

Lektion	Texte		Zusatz-Texte	
1	Ein Römer erwartet einen Gast	4		
2	Quintus und sein Pferd	6		
3	Servi laborant	8		
4	Pluit, pluit	10		
5	Ubi servi hodie laborant?	13		
6	Pueri ad medicum properant	16		
7	Quid pater in animo habet?	19		
8	In circo equi currunt	21		
9	De castellis Romanis	23		
10	Q. Titurius parentibus suis s. d.	27		
11	De aetate aurea (Zeitalter I)	32		
12	De Neptuno et Minerva (Griechische Geschichte I)	36		
13	Tempora mutantur (Zeitalter II)	40		
14	De aetatibus tertia pars (Zeitalter III)	44	Variae sententiae (I)	46
15	De militia	47	Zwei Grabinschriften	51
16	De curriculis	52	De Romuli regis urbanitate	55
17	De equis et curribus	56	1 Musculus et rana	59
			2 Haedus et lupus	59
			3 De vulpe et uva	59
18	De origine Romanorum (Römische Geschichte I)	60	1 De regibus Albanis	64
			2 De pace Augusta	65
19	Lupus et agnus	66	1 Vulpes et corvus	69
			2 De vitiis hominum	69
20	De Theseo (Griechische Geschichte II)	70	Aliae sententiae (II)	74
21	De Romulo et Remo (Römische Geschichte II)	75	1 Saeptum	79
			2 Tumulo canis meae	79
22	De urbe Atheniensium (Griechische Geschichte III)	80	1 De Codri regis morte	84
			2 Responsum Laconicum	84
23	De Numitore servato (Römische Geschichte III)	85	1 Kalenderblatt zum 21. April	89
			2 Martial: Epigramme	89
24	De Samaritano misericordi	90	1 Aliae sententiae (III)	93
			2 Muli et latrones	94
			3 Equus et asinus	94

Namensregister 95
Sachregister 96

1

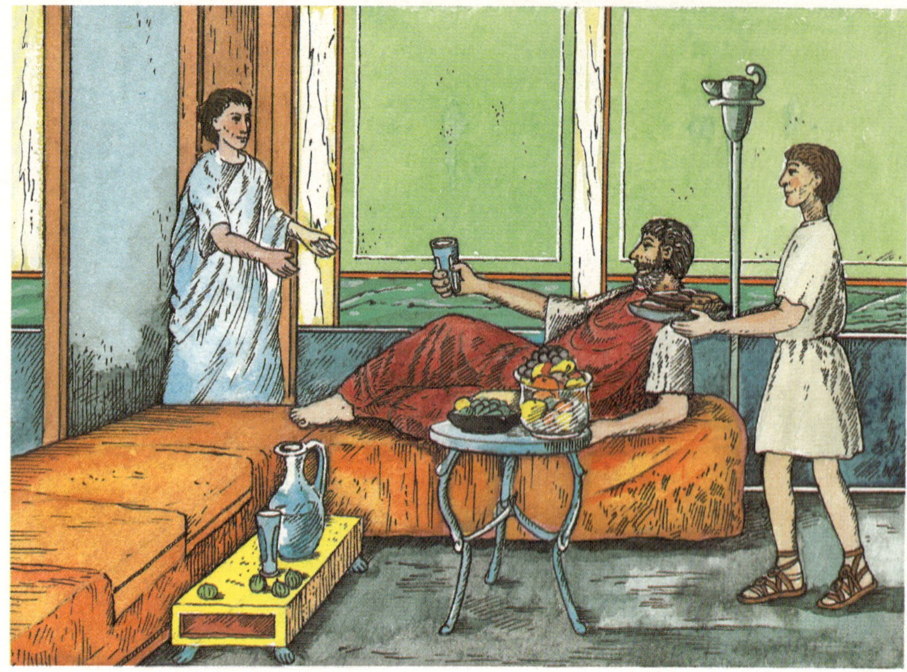

T Ein Römer erwartet einen Gast

1 Dominus amīcum exspectat. 2 Itaque dominus servum vocat. 3 Sed servus nōn venit. 4 Nam dominum nōn audit. 5 Dominus dēnuō vocat. 6 Nunc servus dominum audit et advolat. 7 Servus cibum apparat. 8 Dēnique amīcus advenit et dominum salūtat. 9 Servus cibum apportat et dominus gaudet. 10 Etiam amīcus gaudet et cibum laudat.

A 1 Verschaffe dir mit Hilfe des Wörterverzeichnisses einen Überblick über den Ablauf der Handlung. Welche Personen kommen in dem Text vor?
Welche Person käme bei der Schilderung eines ähnlichen Ereignisses bei uns nicht vor? Kannst du dafür eine Begründung geben?

A 2 Vergleiche die lateinischen Sätze miteinander und beantworte folgende Fragen: Welche lateinischen Wörter drücken eine Tätigkeit aus? Welche lateinischen Wörter bezeichnen die jeweils handelnde Person?

A 3 Fertige eine Liste an, in der die handelnden Personen jeweils ihrer Tätigkeit zugeordnet sind.
Beispiel (T 1): Dominus ... exspectat.
Bei welchem Satz treten dabei Schwierigkeiten auf?
Woher weißt du trotzdem, wer in diesem Satz die handelnde Person ist?

→ G 1

A 4 a) Welchen gemeinsamen Bestandteil haben in deiner Liste aus A 3 alle die Wörter, die ein Prädikat bilden?

b) Welchen gemeinsamen Bestandteil haben in deiner Liste aus A 3 alle die Wörter, die ein Subjekt bilden?

A 5 Die Sätze des Textes enthalten außer den Wörtern, die Subjekt und Prädikat bilden, noch weitere Wörter. Mehrere davon haben ebenfalls einen leicht zu erkennenden Bestandteil. Bestimme diesen gemeinsamen Bestandteil.

→ G 2–4

A 6 Einige Prädikate im Text sind nicht durch Objekte ergänzt. Sammle sie. Sind auch dort jedesmal Leerstellen? Begründe deine Entscheidung.

A 7 In unserem Text erscheinen einige Wörter, deren Aufgabe es ist, die einzelnen Sätze miteinander zu verknüpfen: itaque, sed, nam, denuo, denique, etiam.
Gib an, welche dieser Wörter
a) einen Fortschritt in der Handlung,
b) einen Gegensatz,
c) eine Begründung,
d) eine Folgerung bezeichnen.

A 8 Übersetze den Text schriftlich.

A 9 Vergleiche die Reihenfolge der Satzteile in den lateinischen mit der in den deutschen Sätzen. Welche ,,normale" Reihenfolge ergibt sich im Lateinischen? Welche gibt es im Deutschen (und welche im Englischen)?

ⓘ Die Frage in A 1 hat dich daran erinnert, daß es heutzutage keine **Sklaven** mehr gibt; die Sklaverei ist abgeschafft. Aber alle Völker des Altertums, von den Ägyptern angefangen bis zu den Kelten und Germanen, besaßen Sklaven, also dienende Menschen ohne eigene Rechte, die im Besitz eines Privatmannes oder auch des Staates und des Königs waren. Sie sind oft durch Kriegsgefangenschaft oder durch regelrechten Sklavenhandel in diese Schicksalslage geraten und wurden meist in der Landwirtschaft, in Haus und Hof als billige Arbeitskräfte eingesetzt; darüber mehr in den Lektionen 3 und 5 (3 T und 5 T).

Darstellung eines Mahles. Links bereiten Sklaven die Getränke zu.

Ü 1 Zeichne die Satzbilder zu T 7, T 8 und T 10.

Ü 2 Ordne die folgenden Aufzählungen von Wörtern zu sinnvollen Sätzen und zeichne die Satzbilder:
a) amicum, salutat, servus.
b) et, audit, advolat, dominum, servus.
c) salutat, dominus, et, amicum, gaudet.

2

T **Quintus und sein Pferd**

1 Quīntus libenter equitat; nam equitāre dēlectat. 2 Itaque avus eī equum dōnāvit. 3 Quīntus equum amat et dīligenter cūrat. 4 Etiam hodiē Quīntus equitāre cōgitat. 5 Aulum amīcum enim vīsitāre vult. 6 Dēnique Dāvus servus equum frēnat. 7 Avus Quīntum equitāre videt et gaudet. 8 Quīntus quoque gaudet. 9 Aulus amīcus Quīntum appropinquāre videt; equum spectat et valdē laudat.

A 1 Zerlege die Sätze des Textes in Subjekt und Prädikat(e) und ordne das (die) Akkusativobjekt(e) zu. Leerstelle = Ø
Beispiel:

Satz	Subjekt	Prädikat	Akkusativobjekt
3	Quintus	amat et curat }	equum

Die Klammer in der Spalte ,,Prädikat" bedeutet, daß das Akkusativobjekt beiden Prädikaten zugeordnet werden muß. In der Form des Satzbildes sieht das so aus, daß die Zuordnungslinie von „et" ausgeht, das die beiden Prädikate verbindet.

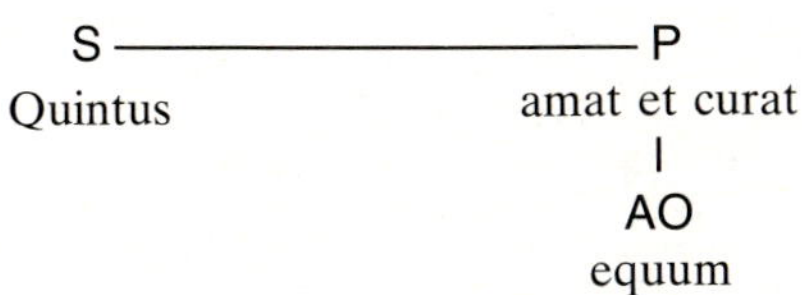

Beim Ausfüllen der Liste solltest du bedenken, daß nicht nur Personen oder Sachen die Stellen von Subjekt und Akkusativobjekt einnehmen können, sondern auch Tätigkeiten. Beachte auch den Umfang des Akkusativobjektes in T 7 und T 9!

→ G 1

A 2 Schreibe alle Infinitive aus dem Text heraus und gib an, ob sie jeweils Subjekt oder Akkusativobjekt im Satz sind.

→ G 2–3

A 3 Zeichne die vollständigen Satzbilder zu T 3, T 5 und T 7.

→ G 4–6

A 4 Im Text kommt viermal das lateinische Wort für „Pferd“ vor. Handelt es sich jedesmal um dasselbe Pferd? Wann ist bei der Übersetzung dieses Textes ins Deutsche bei dem Wort „Pferd“ der bestimmte, der unbestimmte Artikel oder das Possessivpronomen angebracht? Begründe deine Entscheidung.

A 5 Übersetze nun unter sorgfältiger Beachtung der Artikelwahl den Text schriftlich ins Deutsche.

Ü 1 Beantworte folgende Fragen lateinisch nach dem Inhalt von 1 T:
a) Quem dominus vocat?
b) Quis dominum non audit?
c) Quid servus apparat?
d) Quis dominum salutat?
e) Quid amicus laudat?

Ü 2 Ergänze sinnvoll einen passenden Satzteil nach dem Inhalt von 2 T und gib an, welchen Satzteil du jeweils ergänzt hast:
a) Quintus ... cogitat.
b) Quintus ... amat et diligenter curat.
c) ... equum frenat.
d) ... Quintus equitare cogitat.
e) ... delectat.

Ü 3 Stelle lateinisch die Fragen nach Subjekt und Akkusativobjekt zu 1 T 2–6.

Ü 4 Schreibe aus 2 T die satzverknüpfenden Wörter heraus. Gib nach dem Beispiel von 1 A 7 an, welcher Art jedesmal die Verknüpfung ist.

Ländliche Szene

3 T Servī labōrant

1 Māne dominus servōs convocat: „Hūc venīte, servī!“ 2 Dāvus, Stichus,
Flāvus conveniunt et dominum salūtant. 3 Tum dominus labōrēs distribuit:
4 „Tū, Dāve, domī remanē et māla carpe! Vōs, Stiche et Flāve, arāte agrum!“
5 Dāvum igitur in hortum, Stichum Flāvumque in agrōs mittit. 6 Hī taurōs
per campōs in agrum agitant. 7 Taurī carrum trahunt. 8 Mox Stichus et
Flāvus ad fluvium veniunt; ibī dominus agrōs possidet.

9 Intereā Dāvus saccōs in hortum portat. 10 Arborem cōnscendit et māla
carpit et saccōs complet. 11 Deinde asinus saccōs domum reportat. 12 Sed
asinus mox cessat; 13 nam labōrēs etiam asinōs fatīgant. 14 Itaque Dāvus
asinum vehementer incitat.

15 Etiam Stichus et Flāvus labōrāre nōn iam possunt. 16 Nam calor et servōs
et taurōs fatīgat. 17 Itaque domum remeant. 18 Ibī cibī servōs recreant.

A 1 Lies zunächst T 1–5 und stelle fest, welche Personen bis dahin im Text vorkommen. Welche Tätigkeiten (Prädikate) findest du, die von mehreren Personen zusammen ausgeführt werden? Vergleiche diese Prädikate mit den Prädikaten in 1 T und 2 T. Gib an, welcher Bestandteil der Verben darauf hinweist, daß die Handlung von mehreren Personen ausgeführt wird. 3

→ G 1

A 2 Schreibe aus dem Text alle Verbformen heraus, die den Plural bezeichnen.

A 3 An den Anführungszeichen in T 1 und T 4 erkennst du, daß hier Worte wiedergegeben sind, die von einer an der Handlung beteiligten Person gesprochen werden. Stelle fest, wer hier die sprechende Person ist.

→ G 2

A 4 Schreibe sämtliche Imperative, nach Singular und Plural geordnet, aus T 1–4 heraus.

→ G 3

A 5 Welche Substantive in T 1–4 stehen in der Vokativ-Form? Ordne nach Singular und Plural.

A 6 Verschaffe dir jetzt einen Überblick über den weiteren Inhalt des Textes.

A 7 Zeichne die Satzbilder zu T 1, T 3, T 13 und T 16. Unterstreiche dabei alle Wörter (nicht nur die Verben), in deren Form du einen Plural vermutest.

A 8 Lege dir eine Tabelle nach folgendem Muster an und trage die jeweiligen Formen ein. Formen, die du im Text nicht findest, kannst du leicht nach dem Vorbild der Wörter gleicher Art bilden.

Nom. Sg.	Akk. Sg.	Nom. Pl.	Akk. Pl.
		tauri	
asinus			
			labores
	arborem		
			servos
calor			
ager[1]			

[1] Die auffällige Form des Nom. Sg. „ager“ wird später zusammen mit anderen Wörtern gleicher Art erläutert.

A 9 Versuche, das Satzbild von T 9 zu zeichnen.
Der Ausdruck in hortum wird dir zunächst vielleicht Schwierigkeiten bereiten. Damit du ihn richtig zuordnen kannst, mußt du zunächst entscheiden, ob er zum Subjekt gehört oder eine nähere Bestimmung des Prädikats ist.

→ G 4

A 10 Schreibe alle AB (O-wohin?) aus dem Text heraus und unterstreiche die Beispiele, die von einem Adverb oder von einem Akkusativ ohne Präposition gebildet werden.

→ G 5–6

3

A 11 Zeichne die Satzbilder zu T 6, T 11, T 14 und T 18.

A 12 Übersetze den Text schriftlich.

Ü 1 Beantworte nach dem Inhalt des Textes lateinisch folgende Fragen:
a) Quo Davus saccos portat?
b) Quo asinus saccos reportat?
c) Quem servi salutant?
d) Ubi Davus remanet?

Ü 2 Bilde nach dem Vorbild von A 8 die weiteren drei Formen von carrus, campus, cibus.

Ü 3 Zähle alle Sätze des Textes auf, die für das Subjekt eine Leerstelle haben, und gib an, welches Subjekt aus dem Textzusammenhang zu erschließen ist.

Ü 4 Schreibe alle Stellen des Textes heraus, an denen et oder et ... et vorkommt, und vermerke dazu jedesmal, welche Satzteile miteinander verbunden werden.

Ü 5 Sammle alle Stellen, an denen dir in der Übersetzung das Possessivpronomen passend erscheint. Schreibe die betreffenden Substantive heraus (und in Klammern dahinter den „Besitzer").

Ü 6 a) Welche lateinischen Wörter findest du im Text, die mit englischen Wörtern „verwandt" sind?
b) Zu welchen lateinischen Vokabeln gehören folgende Wörter? Welche Bedeutung haben sie heute (1–3 W)?

Vokal	Videogerät	Konvent	Agitation
dominieren	kurieren	komplett	Camping, kampieren

4

T **Pluit, pluit ...**

1 Diū iam pluit. 2 Imber assiduus fluviōs et rīvōs auget. 3 Rīvī parvī et fluviī lātī mox alveōs assuētōs excēdunt. 4 Rāmōs et truncōs et nōn rārō etiam arborēs fluviī rapidī sēcum portant.

5 Rūsticī anxiī sunt. 6 Fēminae et līberī vīcum relinquunt et in clīvum propinquum properant. 7 Virī autem ad fluvium currunt et terram exaggerant. 8 Sīc aquam rapidam arcēre student. 9 Sed frūstrā labōrant: Aqua campōs et hortōs, vīllās et viās inundat. 10 Tamen agricolae equōs, taurōs, vaccās caprāsque servāre et in locum āridum abdūcere possunt. 11 Tandem pluvia assidua dēsinit.

12 Mox sōl lūcidus lūcet et rūrsus terra ārida est. 13 Incolae grātī ad āram conveniunt hostiamque immolant. 14 Deōs plācant et grātiās agunt. 15 Posteā aggerem lātum altumque exstruunt; ita rīpam firmant. 16 Nunc agricolae sēcūrī sunt. 17 Vīllae enim tūtae et agrī semper fēcundī sunt; nam agger firmus aquam nunc prohibet.

4

A 1 Beschreibe die Form der Überschrift. Welchen Inhalt könnte der Text haben, damit die auffällige Form der Überschrift sich als sinnvoll erweist?

A 2 Verschaffe dir einen Überblick über den Inhalt von T 1–4.

→ G 1

A 3 Inwieweit weicht die Wortstellung in T 4 von der üblichen Wortstellung ab? Welche Absicht könnte mit der veränderten Wortstellung verbunden sein?

A 4 Schreibe aus T 2–4 alle Substantive, die durch ein adjektivisches Attribut näher bestimmt sind, zusammen mit ihren Attributen heraus. Vergleiche dabei die gewöhnliche Wortfolge im Lateinischen mit der Wortfolge im Deutschen.

A 5 Vergleiche in deiner Liste von A 4 den Kasus des Substantivs mit dem Kasus des adjektivischen Attributs.

→ G 2

A 6 Erschließe aus dem Aufbau der Sätze T 5–10, in welchen Kasus-Formen die bisher unbekannten Substantive jeweils stehen. Schreibe diese Formen geordnet nach den Kasus heraus. Wie lauten die Wortausgänge für die einzelnen Kasus? Welche Übereinstimmungen mit den Formen der bisher gelernten Substantive kannst du feststellen?

A 7 Schreibe aus T 10–15 alle Substantive, die durch ein Attribut näher bestimmt sind, zusammen mit diesem Attribut heraus. Welche Regel glaubst du zu erkennen? Trifft die von dir vermutete Regel auf alle Beispiele zu?

→ G 3–4

4

A 8 Erkläre aus dem Text heraus, welches Genus die Substantive imber (T 2), sol (T 12) und agger (T 15) haben.
Welche Substantive sind maskulin, obwohl sie den Wortausgang -a haben? Kannst du eine Erklärung dafür geben?

→ G 5

A 9 Gliedere den Text in Inhaltsabschnitte. Erfinde zu den einzelnen Abschnitten deutsche Überschriften.

ⓘ Die Römer haben wie viele Völker der Antike in den sichtbaren Kräften der Natur das Wirken **göttlicher Wesen** gesehen. So galten Sonne, Winde, Flüsse als männliche Wesen, Mond und Bäume als weibliche Wesen. Diesen göttlichen Wesen baute man Altäre, man betete zu ihnen um ihre Gunst und brachte ihnen Opfer.

Frauen bringen am Hausaltar ein Opfer dar

Ü 1 Sammle alle Substantive (mit ihren evtl. vorkommenden adjektivischen Attributen) und alle Verben, die in Beziehung zu dem Thema stehen, das die Überschrift angibt.

Ü 2 Zähle alle Sätze auf, die für das Subjekt eine Leerstelle haben. Gib an, welche lateinischen Subjekte aufgrund des Textzusammenhangs gemeint sind.

Ü 3 Schreibe alle Stellen, an denen das Wort et verwendet wird, heraus und gib an, welche Satzteile es verbindet bzw. ob es ganze Sätze verbindet.

Ü 4 Nenne die Stellen, an denen gleichartige Satzteile ohne Bindewort aufgereiht sind.

Ü 5 Zeichne die Satzbilder zu T 6, T 7, T 13 und T 15 (1. Teil).

Ü 6 Fertige eine Tabelle wie in 3 A 8 an, trage folgende Formen in die richtige Spalte ein und ergänze die drei restlichen Formen: villas, rivi, aqua, aggerem, incolae, fluvium, hostiam, deos.

Ü 7 Verwandle die Sätze T 5 und T 16 lateinisch in den Singular.

5

Traubenernte, Transport und Keltern der Trauben

T **Ubī servī hodiē labōrant?**

1 Hodiē dominus tōtum fundum circumspectāre in animō habet; itaque māne
vīlicum arcessit et interrogat: 2 „Ubī servī hodiē labōrant?“ 3 Vīlicus ē
libellō suō labōrēs ēnumerat: 4 „Quattuor servī iam ab hōrā prīmā taurīs
agrōs arant. 5 Trēs servī in horreō labōrant; saccōs frūmentō complent et ē
vīllā ad mercātōrem portant. 6 Aliī duō servī in vīneīs rāmōs nimis longōs
praecīdunt. 7 Ūnus servus in aulā remanet et carrum vetustum reparat.
8 Alius servus cum asinīs in vīcum propinquum vādit et saccōs novōs novāsque
urnās emit. 9 Reliquus servus equum album ad medicum dūcit; aegrōtus enim
est neque cibum sūmit. 10 Ecce, domine, cūnctī servī hodiē labōribus certīs
occupātī sunt.“
11 „Quamdiū servī labōrant?“
12 „Ab hōrā quīntā labōrem duās hōrās intermittere solent; nam et calōre et
labōre dēfessī sunt. 13 Itaque in umbrā iacent, cibīs sē recreant, nōnnūllī
etiam ūnam hōram dormiunt. 14 Tum dēnuō labōrant ūsque ad vesperum.
15 Decimā hōrā dēnique cūnctī in vīllā adsunt.“ 16 Dominus contentus est et
vīlicum laudat; cūnctōs servōs labōrāre videt et gaudet. 17 Pater familiās enim
et bonus et parcus colōnus esse studet, ut Catō in librō suō postulat. 18 Itaque
vīlicus servōs semper ad labōrēs incitāre dēbet.

5

A 1 Lies zunächst den ersten Absatz (T 1–10) durch und gib an, von welchen Personen bzw. Personengruppen die Rede ist.

A 2 Welche der im Text vorkommenden Personen könnte die Überschrift gesprochen haben?

A 3 Wird die Frage in T 2 durch die im Text folgenden Angaben vollständig beantwortet? Begründe deine Entscheidung.

A 4 Wie könnte man die Gleichförmigkeit der Sätze T 4–10 erklären?

A 5 a) Schreibe aus T 4–10 alle Ortsangaben heraus.
b) Zu welchem Satzteil bilden diese Angaben jeweils eine nähere Bestimmung?
c) Welche ähnliche nähere Bestimmung kennst du bereits?

→ G 1–2

A 6 Ordne jetzt deine Liste der Ortsangaben aus A 5a nach den drei verschiedenen Arten der Adverbialen Bestimmung des Ortes.

A 7 Wer stellt die Frage in T 11? Stelle aus dem folgenden Abschnitt alle Angaben zusammen, die als Antwort auf diese Frage gelten können.

→ G 3

A 8 Schreibe nun aus dem Text alle Adverbialen Bestimmungen (lateinisch) heraus und bestimme sie. Verwende dafür die vorgesehenen Zeichen. Bilde dabei zwei Gruppen: Adverbiale Bestimmungen im Akkusativ und Adverbiale Bestimmungen im Ablativ.

A 9 Übersetze den Text schriftlich ins Deutsche.

→ G 4–5

ⓘ1 **Die römische Stundenzählung** weicht von unserer Tageseinteilung ab. Man teilte die Zeitspanne von Sonnenaufgang bis Sonnenuntergang in zwölf „Stunden“ (horae) ein. Da aber die Tageslänge im Laufe des Jahres wechselt, sind auch die römischen Stunden verschieden lang. So wurde für je zwei Monate (Januar und Dezember, Februar und November usw.) eine andere Stundenlänge festgelegt.

ⓘ2 **Marcus Porcius Cato** (234–149 v. Chr.) war ein erfolgreicher römischer Politiker und Schriftsteller. Neben anderen Werken erlangte sein Buch „Über die Landwirtschaft“ („De agricultura“) bleibenden Ruhm. Es ist eines der ältesten erhaltenen Werke der römischen Literatur.

ⓘ3 **Vilicus:** der Aufseher und Gutsverwalter, damit auch Stellvertreter des Gutsbesitzers, also Betriebsleiter in einem landwirtschaftlichen Großbetrieb. Zu seinen Aufgaben gehörte die Arbeitseinteilung und die Aufsicht über Arbeit, Personal und Material.

Ü 1 Setze in die folgenden Satzpaare sinnvoll je eines der nachstehenden satzverknüpfenden Wörter ein: deinde, etiam, itaque, nam.
a) Dominus vilicum arcessit; ... fundum circumspectare in animo habet.
b) Servi cibis se recreant; ... vilicus se recreat.
c) Tres servi saccos frumento complent, ... saccos ad mercatorem portant.
d) Unus servus aegrotus est; ... hodie domi remanet.

Ü 2 Irgend etwas stimmt in den folgenden Aussagen nicht. Woran liegt es?

a) Duo servi domi remanent et equum vetustum reparant.
b) Alii duo servi agrum arant; nam rami nimis longi sunt.
c) Servi laborem duas horas intermittunt; libris enim defessi sunt.
d) Dominus equum arcessit et interrogat: „Ubi asini hodie laborant?"
e) Vilicus ex agro suo labores enumerat.
f) Asinus in vico propinquo labores novos emit.

Ü 3 Schreibe nach dem Vorbild von G 5 die sechs bis jetzt bekannten Kasusformen folgender Substantive auf: hora, liber, carrus, agger, hortus, vesper.

Ü 4 Zeichne die Satzbilder zu T 4, T 7, T 8 und T 15.

Ü 5 Übertrage die Stundenangaben im Text auf unsere Uhrzeit. Nimm dabei an, daß um 6 Uhr Sonnenaufgang und um 18 Uhr Sonnenuntergang ist. (Vgl. ⓘ 1.)

Ü 6 Beantworte folgende Fragen lateinisch und gib an, nach welchem Satzteil gefragt ist:

a) Ubi servi ramos praecidunt?
b) Qua re servi se recreant?
c) Quo servus equum aegrotum ducit?
d) Quamdiu servi labores intermittunt?
e) Ubi servus saccos novos emit?
f) Quando cuncti servi denique in villa adsunt?
g) Quocum servus in vicum propinquum vadit?

Ü 7 Zusammengesetzte Verben (Komposita) sind in der lateinischen Sprache häufig:

advolare
advenire
apportare (ad–p...)
appropinquare (ad–p...)

remanere
remeare
reportare
relinquere
reparare

Der erste Bestandteil dieser Verben ist meist eine vorangestellte Präposition:

a-, ab-	weg-, ab-, fort-	e-, ex-	aus-, heraus-
ad-	herbei-, heran-, hinzu-	in-	ein-, hinein-
		re-	zurück-, wieder-

Mit der Kenntnis dieser Vorsilben und der möglichen Zusammensetzungen kannst du dir das Vokabel-Lernen erleichtern. Ermittle die Bedeutungen der folgenden Verben:

a) portare	b) vocare	c) ducere
		abducere
apportare	advocare	adducere
exportare	evocare	educere
importare		inducere
reportare	revocare	reducere

6

Kinder auf der Hasenjagd

T Puerī ad medicum properant

1 Mārcus et Quīntus ā villā in vīcum properant; in viā Aulus vādit.
2 „Salvēte, amīcī", iam procul clāmat.
„Salvē et tū, Aule!"
„Quō properātis? Cūr nōn in aulā manētis? Cūr hodiē mēcum nōn lūditis? Quid in animō habētis?"
3 „Pater nōs mittit, in vīcum properāmus, medicus ibī habitat."
4 „Cūr ad medicum curritis? Quis aegrōtus est?"
5 „Avus iam diū aegrōtus est, hodiē autem dolōrēs eum maximē vexant; valdē sollicitī sumus et medicum advocāre dēbēmus."
6 „Vōbīscum igitur lūdere hodiē nōn possum; itaque nunc ad familiam vīcīnam
currō. 7 Ibī enim multī līberī sunt, egō autem in vīlla nostrā semper sōlus sum;
nam neque frātrem habeō neque amīcī aut sociī mē vīsitant. 8 Ibī autem cum
multīs līberīs lūdere possum; vesperī domum remigrō."
9 „Fēlīx es, Aule. At nōs cessāre nōn dēbēmus; nam familia medicum exspectat.
10 Fortasse crās tēcum lūdere possumus; interim valē!"
11 „Vōs quoque valēte! Bonam fortūnam optō."
12 „Grātiās agimus, Aule!"

6

A 1 Verschaffe dir mit Hilfe des Wörterverzeichnisses zunächst einen Überblick über den Inhalt des Textes bis T 5. Welche Personen sind an dem Gespräch beteiligt? Kann man einige der beteiligten Personen zu einer Gruppe zusammenfassen, die gemeinsam auftritt?

A 2 Gib zu jedem der Sätze T 2–12 an, wer die sprechende(n) und wer die angesprochene(n) Person(en) ist (sind). Woraus kann man ersehen, ob es sich um ein einheitliches Gespräch handelt oder nicht?

A 3 a) Welche Zeichen an den Verbformen zeigen uns an, daß eine (ich) oder mehrere **sprechende** Personen (wir) über sich etwas aussagen? Sammle die Prädikate nach Singular und Plural geordnet.
b) Welche Zeichen an den Verbformen zeigen uns an, daß von einer (du) oder mehreren **angesprochenen** Personen (ihr) etwas ausgesagt wird? Sammle auch diese Prädikate nach Singular und Plural geordnet.

A 4 In welchen Prädikaten wird etwas ausgesagt von Personen oder Sachen, die nicht am Gespräch beteiligt sind (**besprochene** Person oder Sache)? Sammle sie und ordne (wie in 1 A 3) die Subjekte zu.

→ G 1

A 5 An manchen Stellen des Textes ist von Personen die Rede, aber es werden nicht ihre Namen genannt, sondern kleine Wörtchen stehen als Platzhalter für bestimmte Personen.
a) Schreibe die Wörter heraus, die als Platzhalter für Personennamen dienen, und gib an, welche Person(en) jedesmal gemeint ist (sind).
b) Versuche bei all diesen Formen festzustellen, für welchen Satzteil sie stehen und welcher Kasus sich hinter ihnen verbirgt. Vergleiche deine Ergebnisse mit der Tabelle in G 2.

→ G 2–3

Der Arzt untersucht einen Kranken

6

Ü 1 Welche der in 6 T beteiligten Personen könnten folgende in den Zusammenhang passende Aussagen machen? Wer sind die angesprochenen Personen?

a) Vobiscum in vicum non propero.
b) Mitto vos ad medicum.
c) Ad medicum currimus.
d) Ego cum liberis ludere possum.
e) Properate! Tota familia sollicita est.
f) Tu hodie ludere potes.
g) Domum remigrare potestis; ad avum venio.
h) In aula manere non possumus.

Ü 2 Schreibe aus 6 T alle AB (O) heraus und bestimme sie näher durch die zugehörigen Fragen. Bilde dabei zwei Gruppen:

a) AB (O), die durch ein Adverb ausgedrückt sind;
b) AB (O), die durch ein Substantiv ausgedrückt sind (Präpositionen gehören zu den AB).

Ü 3 Beantworte folgende Fragen zu 6 T jeweils mit einem kurzen lateinischen Satz:

a) Cur pueri in vicum properant?
b) Cur familia sollicita est?
c) Quo Aulus currit?
d) Quando Aulus domum remigrat?
e) Cur Aulus felix est?
f) Ubi medicus habitat?
g) Quem dolores vexant?

Ü 4 Bestimme die Verbformen in 6 T (Beispiel: properant = 3. Pers. Pl. von properare). Gib bei Formen der 1. Person an, wer im Text die sprechende(n) Person(en) ist (sind), und bei Formen der 2. Person oder des Imperativs, wer die angesprochene(n) Person(en) ist (sind).

Ü 5 Lies 5 T nochmals durch und stelle dir vor, daß die Sklaven aufgefordert werden, ihre Arbeitsplätze und Tätigkeiten selbst zu nennen. Sie sagen dann:

(4) Ab hora prima agros aramus.
(5) In horreo laboramus; saccos frumento complemus et ad mercatorem portare debemus.
(6) In vineis ramos praecidimus.
(7) In aula remaneo et currum reparo.
(8) In vicum vado et saccos urnasque emo.
(9) Equum album ad medicum duco.

Versuche, zu 5 T 12–15 ähnliche kleine Sätze mit Aussagen der Sklaven zu bilden.

Ü 6 Zeichne die Satzbilder zu den Sätzen Ü 1 a–d.

7

T **Quid pater in animō habet?**

1 Māne pater Stichum servum advocat. 2 Stichus advolat et dominum salūtat. 3 Dominus Stichō imperat: „Equōs ad portam dūc! Cum līberīs enim ad frātrem meum equitāre in animō habeō.“ 4 Stichus dominō celeriter paret. 5 Prīmum equīs cibum dat. 6 Deinde Mārcō, Quīntō, Octāviae narrat: „Patrī in animō est vōbīscum ad patruum vestrum equitāre.“ 7 Līberī ad patrem properant: „Quid tibi in animō est? Cūr patruum vīsitāre parāmus?“ 8 Pater līberīs respondet: „Hodiē lūdī magnificī in circō sunt; equī currunt; etiam patruus vester equum mittit. 9 Itaque vōbīscum circum vīsitāre et posteā patruum salūtāre volō.“ 10 Līberī valdē gaudent. 11 Frātribus circus iam nōtus est, sed Octāviae hodiē prīmum licet circum vīsitāre. 12 Tandem servus equōs addūcit. 13 Per portam equitant et paulō post in circō sedent.

A 1 Versuche, dir von dem Geschehen in T 1–3 einen Eindruck zu verschaffen, indem du die Subjekte und Prädikate dieser Sätze betrachtest.

A 2 Ergänze deine Feststellungen, indem du nun auch die Akkusativobjekte und die Adverbialen Bestimmungen hinzunimmst.

A 3 Achte jetzt auf T 3: Dominus ... imperat. Du kannst leicht erschließen, wem der Befehl des Herrn gilt.

→ G 1–3

7

A 4 Untersuche nun wie oben (vgl. A 1) T 4–11. Prüfe, bei welchen Prädikaten Dativobjekte denkbar sind, und versuche, diese zu finden.

→ G 4–5

A 5 Versuche, das Stück schriftlich zu übersetzen.

→ G 6–9

ⓘ Ein **Pferderennen** war eine der beliebten Massenveranstaltungen, die zur Belustigung der römischen Bevölkerung abgehalten wurden. Vergleiche dazu auch die folgende Lektion 8. Noch beliebter allerdings waren die Wagenrennen; Informationen darüber enthält Lektion 16.

Ü 1 Beantworte lateinisch die folgenden Fragen:
a) Quem Stichus salutat?
b) Cui Stichus paret?
c) Ubi ludi magnifici sunt?
d) Quid servus equis dat?
e) Cui cibum dat?
f) Quo pater equitat?
g) Quocum pater circum visitat?
h) Cui circus notus non est?
Stelle selbst weitere Fragen zu 7 T und beantworte sie lateinisch.

Ü 2 Ergänze die fehlenden Ausgänge:
a) Vilicus domin- paret.
b) Marcus patr- interrogat.
c) Circus Octavi- notus non est.
d) Stichus asin- cib- dat.
e) Liber- non licet equitare.
f) Servi Octavi- salutant.
g) Fratr- in anim- est patru- visitare.

Ü 3 Schreibe in der Reihenfolge Nom., Dat., Akk., Abl., zuerst Sg., dann Pl., alle dir bekannten Formen von folgenden Wörtern auf: campus, hora, frater.

Ü 4 Schreibe, indem du G 8 heranziehst, die Tabelle der Personalpronomina (vgl. 6 G 2) neu.

Ü 5 Zeichne Satzbilder von T 6 und T 11.

Ü 6 Zu welchen lateinischen Vokabeln gehören folgende Wörter? Welche Bedeutung haben sie heute (4–7 W)?

Rarität	Labor(atorium)	Reliquie	sozial
studieren	total	Dezimal(zahl)	solo
frustriert	Quintett	parieren	Portal
firm(en)	Prima, Prime	maximal	Lizenz
Prohibition	Novität		

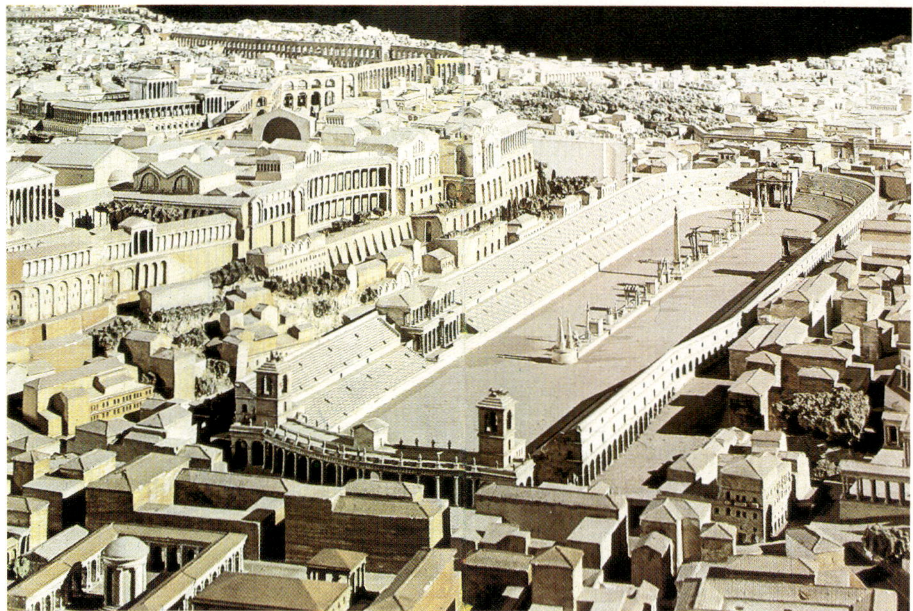

Modell des Circus Maximus

T In circō equī currunt

1 Pater līberīs equōs variōs mōnstrat: „Equus āter patruō est, equus albus Claudiō, vīcīnō nostrō. 2 Equus patruī clārus est; saepe enim cēterōs equōs superat.“ 3 Mārcus patruum nōn videt. „Ubī patruus est?“ 4 „Equum nōn patruus, sed servus patruī regit.“ 5 Subitō līberī spectātōrēs clāmāre audiunt; equī enim currunt, et spectātōrēs equōs incitāre student. 6 Circus clāmōre virōrum et fēminārum resonat. 7 Nunc etiam līberī clāmant. 8 Patruī equus diū locum secundum obtinet, sed paulātim prīmō equō appropinquat. 9 Clāmor spectātōrum crēscit! Tandem equus patruī in prīmum locum succēdit et vincit.

10 Frātrēs Octāviae surgunt et patruum quaerunt; etiam Tiberius pater frātrem suum quaerit. 11 Equum frātris rēctōremque laudat. 12 Diū līberī dē circō, dē equīs, dē clāmōre, dē rēctoribus narrant. 13 Sub vesperum pater cum līberīs dēfessīs, sed laetīs domum equitat.

ⓘ Der **Circus Maximus** liegt mitten in Rom zwischen dem Palatin und dem Aventin (also zwischen zwei der bekannten „Sieben Hügel“ dieser Stadt); er hatte durch verschiedene Umbauten und Erweiterungen schließlich die Länge von 600 m und eine Breite von 200 m; die Länge der Umlaufstrecke betrug 568 m; ein Rennen bestand meist aus mehreren Umläufen. Der Circus war durchaus nicht nur ein Sportplatz, sondern ein riesiger Gebäudekomplex mit stufenförmigen Sitzreihen in drei aufsteigenden Rängen, auf denen angeblich 255 000 Menschen Platz fanden.

8

A 1 Betrachte zunächst nur T 1–4: Schreibe auf, welche Personen genannt werden. Wer von ihnen ist dir bisher unbekannt? Versuche, den Sätzen weitere Informationen über diese Personen zu entnehmen. Prüfe insbesondere, ob der in T 4 genannte servus mit dem aus 7 T bekannten Stichus identisch ist. Wessen Sklave ist es? Wie wird das Besitzverhältnis im Text zum Ausdruck gebracht?

→ G 1–2

A 2 Verschaffe dir nun einen Überblick über T 5–12. Sammle die vermuteten Genetivattribute. Indem du dir jeweils zu den Genetiv-Formen den Nominativ überlegst, kannst du die Formen den drei Deklinationen zuordnen. Singular und Plural lassen sich aus dem Sinn der Sätze erschließen. Schreibe dir die Formen auf nach dem Muster von 7 G 4. Eine Übersicht über alle dir jetzt bekannten Deklinationsformen findest du in G 4.

A 3 Vergleiche T 12: diu narrant de circo. Überlege, was de circo für ein Satzteil sein könnte.

→ G 3

A 4 Übersetze nun 8 T schriftlich.

→ G 4–7

Ü 1 Beantworte lateinisch die folgenden Fragen:

a) Quid pater liberis monstrat?
b) Cuius equus ceteros equos superat?
c) Quis equum patrui hodie regit?
d) Qua re spectatores equos et rectores incitant?
e) Cui equus albus est?
f) Quando pater domum equitat?

Ü 2 Bilde zu folgenden Begriffen den Genetiv im Singular und Plural:
medicus – mercator – vir – aqua – deus – vesper – terra – labor – via – ager parvus – ripa propinqua – incola gratus – agger altus – locus tutus.

Ü 3 Füge nach dem Inhalt von 7 T und 8 T in die folgenden Sätze die jeweils in Klammern stehenden Wörter als Attribute ein:

a) Stichus advolat et dominum salutat (servus; suus).
b) Servus equos ad portam ducit (dominus).
c) Patri ad patruum equitare in animo est (liberi).
d) In circo ludos spectant (magnificus).
e) Fratribus circus iam notus est (Octavia).
f) Frater equum mittit (pater).
g) Circus clamore spectatorum resonat (magnus).
h) Spectatores studium (Eifer) clamore incitant (rectores).
i) Ante portam servus liberos exspectat (villa; defessus).

Ü 4 Füge in den folgenden Satzpaaren das Akkusativobjekt des jeweils ersten Satzes im zweiten Satz als Präpositionales Objekt ein und übersetze:

a) Avus Henrico equum donavit; Henricus amico ... narrat.
b) Vilicus labores servorum enumerat; dominus ... audit.

Ü 5 Erstelle Satzbilder von T 1, T 6, T 9 und T 12.

Ü 6 Die „kleinen Wörter" werden beim Vokabellernen gerne vernachlässigt und dann leicht verwechselt oder vergessen. Sie sind aber für das Übersetzen besonders wichtig. Ordne nach Wortarten, schreibe die Bedeutung daneben und präge dir ein:
mane – deinde – etiam – itaque – cur – valde – tandem – iam – de – primum – saepe – ubi – nunc – diu – sed – subito – sub.

9

Römische Soldaten beim Bau eines Kastells

T **Dē castellīs Rōmānīs**

1 Terminus imperiī Rōmānī multīs castellīs firmātur. 2 Vallum fossaque et mūrus altus adversāriōs arcent; portae castellī ā legiōnāriīs custōdiuntur. 3 Mūnīmentīs multa et varia aedificia circumdantur: 4 Mediō in castellō prīncipia sunt; ibī sīgna et vexilla servantur. 5 In praetōriō lēgātus habitat et castellō praesidet, in casīs parvīs legiōnāriī habitant, in stabulīs equī collocantur, in horreīs frūmentum servātur.

6 Legiōnāriī cottīdiē labōribus occupantur: 7 Vallum et portae castellī, mūrī fossaeque semper ā virīs reparārī dēbent; nōn rārō etiam tēcta casārum renovantur. 8 Itaque legiōnāriī arborēs in silvā caedere et in castellum trahere

9

et lignum apportāre solent. 9 Prīmum autem officium legiōnāriōrum est castellum ab adversāriīs dēfendere. 10 Ita cottīdiē armīs exercentur et tēlīs. 11 Tribūnus interdum sīgnum dat; prōtinus cūnctī arma sumunt et magnō cum studiō ad vallum properant; pīla dē mūrīs quasi in adversāriōs iactant. 12 Legiōnārius Rōmānus nōn modo tēla velut gladium et pīlum, sed etiam hastās habet. 13 In perīculīs Rōmānī armīs et tēlīs sē dēfendunt; tēlīs castellum custōdītur. 14 Ita līmes imperiī Rōmānī ab adversāriīs tegitur.

A 1 Welche Informationen über den Aufbau eines Kastells kannst du T 1–5 entnehmen? Schreibe sie in Stichworten auf.

A 2 Erstelle für T 1–5 eine Tabelle mit Spalten für Subjekt, Prädikat und Akkusativobjekt. (Wenn ein Satz einen dieser Satzteile nicht enthält, setze das Zeichen ---; dieser Fall darf nicht mit der „Leerstelle“ verwechselt werden! Vgl. dazu 1 G 4).
Beispiel (T 1):

Subj.	Präd.	Akk.-Obj.
terminus	firmatur	---

A 3 a) Welche Substantivformen mit Wortausgängen, die dir als Nominativ oder Akkusativ bisher noch nicht bekannt sind, treten in der Liste von A 2 auf?
b) Welche bisher unbekannten Verbformen erscheinen als Prädikate? Schreibe sie heraus und gib an, welche Personen sie wohl bezeichnen sollen.

→ G 1–2

A 4 Kreuze in der Tabelle zu A 2 die Sätze an, die in der Passiv-Form stehen. Welche Beobachtung kannst du bei diesen Sätzen hinsichtlich des Akkusativobjekts machen?

→ G 3

A 5 Schreibe alle Prädikate im Passiv heraus, die durch eine AB (M) oder AB (U) näher bestimmt sind, und gib die Art der AB an. (Vorsicht bei T 14!)

A 6 Ist auch in T 6–14 das Aussehen eines Kastells noch der Hauptgegenstand der Beschreibung? Beachte bei deiner Entscheidung, welches Substantiv am häufigsten als Subjekt auftritt. Zähle auch die Sätze dazu, die für das Subjekt eine Leerstelle haben, deren Subjekt aber eindeutig benannt werden kann.

→ G 4

A 7 Kommen in T 6–14 noch weitere Paraphrasen für das Wort legionarii vor?

9

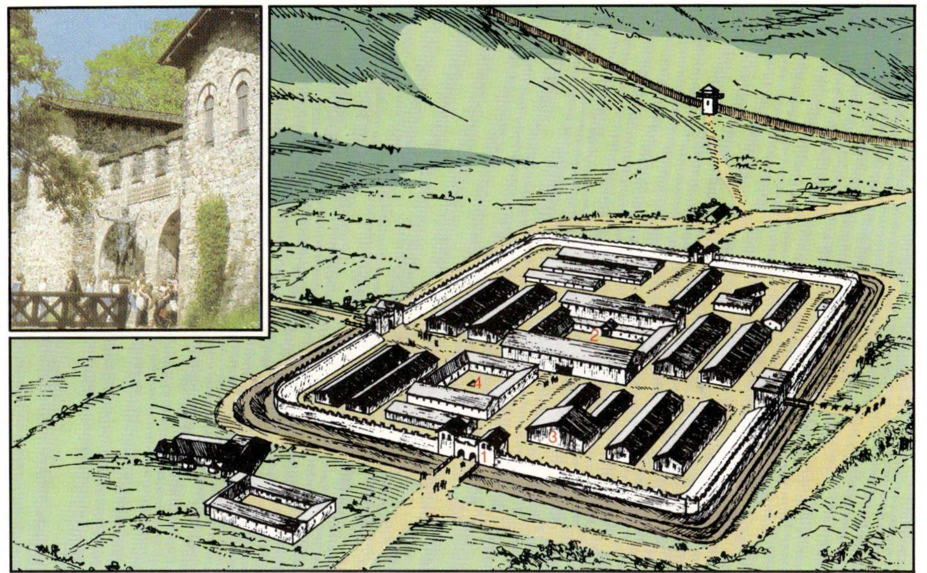

Die Saalburg, ein römisches Kastell, wie sie im 3. Jh. ausgesehen haben könnte.
① Haupttor (porta praetoria, heutiger Zustand s. Abb. links oben). ② Stabsgebäude (principia) mit Büros, Offiziershaus und Fahnenheiligtum. ③ Magazin (horreum). ④ Wohnung des Kommandeurs (praetorium). Die übrigen Gebäude waren Mannschaftsunterkünfte, Werkstätten, Ställe. Außerhalb der Mauern: ein Badegebäude (balneum) und ein Rasthaus (mansio).

ⓘ **Kastelle** waren festungsartige Bauwerke unterschiedlicher Größe, aber nach einheitlichem Plan gebaut und gut befestigt. So gab es am deutschen Limes in ziemlich regelmäßigen Abständen über 70 solcher Kastelle, die wichtige Verteidigungsstützpunkte waren.
Ein **Limes** war ursprünglich nur ein Grenzpfad, später eine stark befestigte Grenzlinie.
Ein **Legat** war ein höherer Stabsoffizier der römischen Armee, meist als Kommandeur einer Legion eingesetzt, aber auch als Militärbeamter in der Verwaltung des römischen Reiches.
Ein **Tribun** war ein höherer Offizier mit besonderen Führungsaufgaben im Lagerdienst oder in der Militärverwaltung.
Ein **Centurio** (Feldwebel, vgl. Lektion 15), stand an der Spitze einer Hundertschaft (lat.: centuria).
Eine **Legion,** die oberste Einheit des römischen Heeres, hatte eine Durchschnittsstärke von etwa 5000 Mann.

Ü 1 Setze in den Plural bzw. in den Singular:
a) Legionarius terminum custodit et castellum firmat.
b) Vallo fossaque adversarius arcetur.
c) Tecta stabulorum a viris reparantur.
d) Porta castelli ab adversario oppugnatur.
e) Legati castellis praesident.

Ü 2 Zeichne das Satzbild zu T 3 und T 6.

Ü 3 Terminus imperii Romani multis castellis firmatur.
Multa castella terminum imperii Romani firmant.
Zeichne Satzbilder der beiden Sätze und untersuche genau, was aus den einzelnen Satzteilen wird, wenn ein Satz aus dem Passiv ins Aktiv bzw. aus dem Aktiv ins Passiv umgesetzt wird.

9 Verwandle entsprechend ins Aktiv bzw. Passiv und achte dabei besonders auf den Unterschied von Ursache und Urheber einer Aussage im Passiv (vgl. G 3); zeichne auch die Satzbilder:

a) Tribunus signum dat.
b) Portae castelli a legionariis custodiuntur.
c) Legionarii a tribuno ad vallum mittuntur.
d) Imperium Romanum limite tegitur.
e) Munimentis multa et varia aedificia circumdantur. (Versuche durch die Wortstellung die Eindeutigkeit der Aussage zu wahren!)
f) Viri arbores in silva caedunt et lignum in castellum trahunt.
g) Tela legionariorum adversarios a muris castelli arcent.
h) Muri fossaeque a viris reparantur.
i) Vallum a Romanis semper reparari debet.

Ü 4 Verwandle folgende Sätze in die Passiv-Form:

a) Servi equos in circum ducunt.
b) Servus equum patrui regit.
c) Clamor spectatorum equos incitat.
d) Spectatores rectorem patrui laudant.

Ü 5 Beantworte folgende Fragen mit einem kurzen lateinischen Satz und gib an, nach welchem Satzteil gefragt wird:

a) Qua re castellum firmatur?
b) Ubi legionarii habitant?
c) Cui tribunus signum dat?
d) Ubi signa servantur?
e) Quid legionarii de muris in adversarios iactant?
f) Quando legionarii armis exercentur?
g) A quo arbores in silva caeduntur?
h) Cui legatus praesidet?
i) Quem tribunus ad vallum mittit?

Ü 6 Ergänze die noch fehlenden Sätze in deinem Heft:

Tribunus legionariis imperat:	Legionarii tribuno respondent:
a) Ad vallum properate!	a) Ad vallum properamus.
b) In silva arbores caedite!	b) ...
c) ...	c) Portas castelli custodimus.
d) Tecta casarum reparate	d) Tecta casarum reparamus.
e) Arma sumite!	e) ... Arma sumimus
f) ...	f) Germanos a vallo prohibemus.
g) Murum praetorii reparate!	g) ...
h) Lignum in castellum trahite!	h) ...

Ü 7 Zähle die Gebäude eines Kastells mit ihren lateinischen Namen auf und gib mit einem kurzen lateinischen Satz ihren Verwendungszweck an, z. B.
praetorium: in praetorio legatus habitat.

Ü 8 Bilde sämtliche Kasusformen im Singular und Plural (d. h. „dekliniere" im Singular und Plural):

a) casa parva b) horreum magnum c) arbor alta d) agger magnus

T 1 **Q. Titurius parentibus suīs s. d.**

2 Sī valētis, bene est; egō valeō et, quod epistulam vestram legō, laetus sum.
3 Dēlector semper epistulīs vestrīs, rārīs quidem, sed grātissimīs. 4 Nunc
autem, ut mihi vidētur, rūmōribus dē fortūnā nostrā incertīs sollicitāminī, et
imprīmīs tū, cāra māter, vexāris cūrīs dē meā salūte. 5 Sine cūrīs este! Egō
valeō, ut anteā dīxī, et ad cūnctōs labōrēs impiger sum. Audīte dē vītā nostrā!
6 In castellō magnō vīvimus, quod terminum imperiī Rōmānī custōdīmus.
7 Castellum in Germāniā situm est; quamquam caelō semper asperō vexāmur,
tamen adhūc valeō. 8 Cum amīcīs in casā parvā habitō; ibī nōn tam bene
vīvitur quam domī; casae enim angustae sunt. 9 Mīlitāre dūrum est, ut cūnctī
scītis.

10 Prīmā lūce, cum gallī canunt, tribūnus nōs surgere iubet. 11 Cottīdiē aut
exercēmur aut labōrāmus; praetereā multās hōrās diurnās atque nocturnās in
praesidiō sumus. 12 Nam, sī adversāriī imprōvīsō appārent, cūnctī parātī esse
dēbēmus. 13 Saepe igitur armīs et tēlīs exercēmur. 14 Ubī tribūnus sīgnum
dat, ad mūrum ruimus et ibī „Germānōs" exspectāmus; sī „adversāriī" propius
accēdunt, tēla dē mūrō iactāmus et castellum dēfendere studēmus; sīc nōnnūllās hōrās „pūgnātur".

15 Post „proelium" arma pūrgārī et suō locō repōnī dēbent. 16 Nisī armīs
exercēmur, labōribus occupātī sumus: 17 Aedificia et mūnīmenta castellī certīs
intervallīs reparārī debent. 18 Itaque in silvīs arborēs caedimus, lignum in castellum trahimus, māteriam apportāmus; etiam viās sternimus et fossās dūcimus.

10

19 Sub vesperum dēnique, cum officiīs līberī sumus, inter lūdōs et iocōs nōs recreāre possumus. 20 Sed rārō nōbīs ōtium est, dum lūdere licet aut dormīre. 21 Tribūnus et centuriōnēs nōs monēre solent: „Legiōnārius Rōmānus semper labōrat, semper in praesidiō est, rārō ōtiōsus, numquam piger est.“
22 Valēte!
23 Nidae, a. d. VII. Kal. Sept.

Angriff auf ein Römerlager

A 1 Betrachte die Überschrift und das Ende des Stückes.
- a) Um welche Art Schriftstück handelt es sich?
- b) Welche vier Sachangaben kann man aus T 1 und T 23 entnehmen?
- c) Stehen bei uns diese Angaben in einem Schriftstück der gleichen Art auch an diesen Stellen?

A 2 Versuche mit Hilfe des Wörterverzeichnisses in T 2–5 die Prädikate herauszufinden. Schreibe die Prädikate heraus, von denen du vermutest, daß sie im Passiv stehen, und gib an, durch welche Wörter oder Wortgruppen die Ursache bzw. der Urheber angegeben ist.

→ G 1

A 3 a) Welche Möglichkeit siehst du, die Prädikate dēlector (T 3), sollicitāminī (T 4) und vexāris (T 4) richtig im Deutschen wiederzugeben, ohne dabei eine deutsche Passiv-Form zu verwenden? **10**

b) Welche andere Möglichkeit mit dem gleichen Ziel besteht für das Prädikat vīvitur (T 8)? Läßt sich das fehlende Subjekt zum Prädikat vīvitur aus dem Textzusammenhang eindeutig festlegen? (Begründe deine Entscheidung.)

→ G 2

A 4 Die Sätze dieses Stückes sind häufig durch Kommata gegliedert. Schreibe die durch Kommata abgetrennten Abschnitte der Sätze T 2–14 heraus, die einen Nebensatz bilden („Sätze" haben ein Prädikat!). Unterstreiche dabei das einleitende Wort und das Prädikat.

→ G 3–4

A 5 Gib an, zu welchem Wort jeweils die Ausdrücke dē fortūnā nostrā und dē meā salūte in T 4 eine nähere Erläuterung geben.

→ G 5

A 6 Stelle in Stichworten zusammen,

a) wodurch sich die Lebensbedingungen im Kastell von denen in der Heimat unterscheiden,

b) mit welchen Tätigkeiten die Soldaten im Alltag beschäftigt sind.

A 7 Weshalb sind in diesem Text einige Wörter in Anführungszeichen gesetzt?

A 8 Welches Wort kommt als Prädikat in der Schilderung des Soldatenlebens besonders häufig vor? Welche Haltung des Briefschreibers kann man aus der Repetition dieses Verbs ablesen?

A 9 Welchen Satzteil bildet der Infinitiv in T 9? Welches Genus hat der Infinitiv, wenn er wie ein Substantiv gebraucht wird? (Begründe deine Entscheidung.)

→ G 6–8

ⓘ 1 Die **Abfassung von Briefen** richtet sich nach bestimmten Regeln, die uns allen geläufig sind (Datum, Anrede, Unterschrift usw.). In der lateinischen Brief-Literatur erkennt man ebenfalls solche Formalitäten, die von den unseren allerdings abweichen: Eine Art „Überschrift" eröffnet den Brief-Text; es handelt sich dabei um einen grammatisch korrekten Satz, in dem ein Schreiber X einem Empfänger Y einen „Gruß schreibt" (lat.: salutem dicit). Den Briefanfang bildet ein höflich-knapper Satz über das gegenseitige gesundheitliche Befinden; dann folgt der eigentliche Briefinhalt. Am Ende steht nur ein Abschieds-Wunsch und dann meist noch die Angabe von Ort und Zeit, jedoch keine Unterschrift.

ⓘ 2 Die **Datumsangabe** am Briefende bedarf einer Erklärung, zumal der römische Kalender reichlich kompliziert war; hier nur die nötigste Information: Die Abkürzung „a. d. VII. Kal. Sept." heißt im Klartext: „ante diem septimum Kalendas Septembres"; das bedeutet: am 7. Tag vor dem Monatsanfang September (wobei man nicht vergessen darf, daß die Römer immer den gesuchten Tag noch selbst mitzählen), somit also am 26. August.

Der 1. Tag eines Monats:	Kalendae (f., Pluralwort griechischer Herkunft)
Monatsangabe (eigentlich ein Adjektiv):	Kalendae Septembres (Octobres ...).

10

ⓘ 3 Über die Lebens- und vor allem die Wohnverhältnisse in einem römischen **Kastell** kann man sich einen besonders anschaulichen Eindruck bei einer Besichtigung der Saalburg verschaffen; sie liegt bei Bad Homburg am Taunus und ist zu Anschauungszwecken rekonstruiert worden; sie enthält auch ein gut ausgestattetes Museum (Abbildung bei 9 ⓘ).

ⓘ 4 **Nida,** heute der Frankfurter Vorort Heddernheim, entstand als Lagerdorf um ein dort gelegenes Kastell und wuchs allmählich mit Markt, Fluß-Hafen, Theater und Badeanlagen zu einer ansehnlichen Gemeinde mit Verwaltungssitz heran.

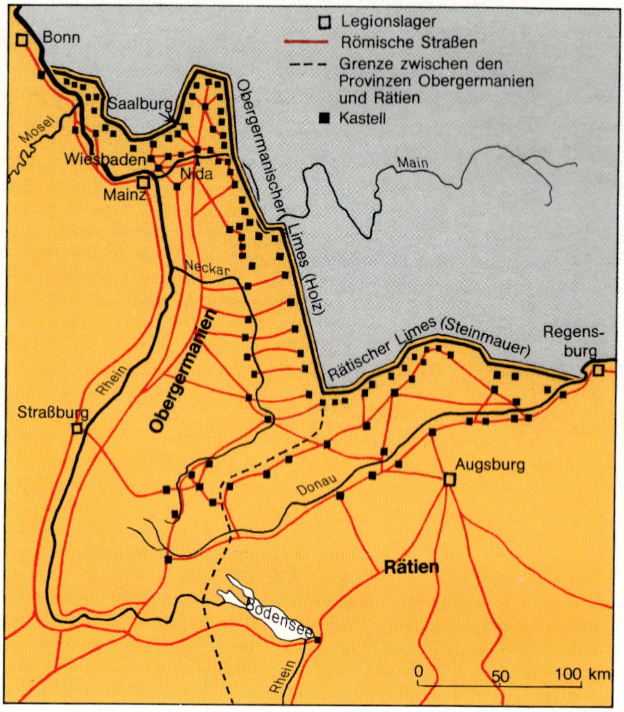

Der Limes und sein Hinterland

Ü 1 Sortiere nach folgenden Gesichtspunkten: Aktiv – Passiv, Singular – Plural, 1., 2., 3. Person; gib außerdem an, welche Formen mit Bildevokal gebildet sind:
obtinemus – appropinquas – quaeruntur – surgis – superamini – impero – paretis – respondeo – audiuntur – adducor – vexatur – habitant – optamus – manes – vaditis – intermitteris – dormis – iacent – abducimini – relinquunt – arcetur.

Ü 2 Bilde nach dem Muster „reparare – reparari“ bzw. „tegere – tegi“ zu den folgenden Infinitiven Präsens Aktiv die Infinitive Präsens Passiv: superare, clamare, complere, audire, regere, vincere, parare, quaerere, custodire, caedere, trahere, prohibere, defendere.

Ü 3 Lies dir G 2 noch einmal aufmerksam durch und versuche dann, für die folgenden Sätze möglichst mehrere Übersetzungen zu finden:

a) Mane surgitur.
b) Cottidie laboratur.
c) Saepe etiam luditur.
d) Clamor iam procul auditur.
e) Epistulae vix leguntur.
f) A te non sollicitamur.
g) Ira mea cottidie augetur.
h) Numquam a vobis iubeor.
i) Vix ad laborem incitamini.
k) Tectum non iam reparari potest.
l) Hic bene cenatur.

Ü 4 Die lateinischen Passiv-Formen haben gegenüber den deutschen den Vorzug der Kürze. Vergleiche:
laudamur (ein Wort) – wir werden ge-lobt (drei Wörter mit vier Bestandteilen).
Das deutsche Passiv wird auf ziemlich umständliche Weise mit dem Hilfsverb „werden“ gebildet. Dasselbe Hilfsverb wird im Deutschen auch noch für die Bildung des Futurs (der Zukunft) herangezogen.

Prüfe, ob du genau unterscheiden kannst, und notiere, wo Futur Aktiv, wo Präsens Passiv, wo Futur Passiv (oder keine dieser drei Formen) vorliegt:

a) Niemand wird für Faulheit belohnt.
b) Niemand wird uns wegen dieser Tat loben.
c) Täglich wird acht Stunden lang gearbeitet.
d) Es wird heute vermutlich regnen.
e) Du wirst dafür bestraft werden.
f) Wir werden täglich älter, nicht immer klüger.
g) Wir werden täglich mit Problemen belastet.
h) Wir werden auch künftig für Ordnung sorgen.
i) Wir werden hier hoffentlich nicht gestört werden.

Ü 5 Bei den folgenden Satzpaaren kann der erste Satz jeweils zu einem Nebensatz des zweiten gemacht werden. Untersuche, welche Aufgabe der Nebensatz für den Hauptsatz erfüllen kann (man sagt auch: in welchem gedanklichen Verhältnis der Nebensatz zum Hauptsatz steht), und wähle entsprechend zur Einleitung des Nebensatzes eine der folgenden Konjunktionen: cum – dum – quamquam – quod – si – ut.

a) Adversarii saepe castello appropinquant. Romani semper parati esse debent.
b) Incertis rumoribus sollicitamini. Securi este, nam valeo.
c) Legionarii exercentur. Tela de muro iactant.
d) Nunc adversarii castello non appropinquant. Legionarii otiosi non sunt.
e) Equi currunt. Spectatores clamore rectores incitant.
f) Pater liberis narrat. Equus patrui saepe vincit.

Zeichne nach der Umwandlung die Satzbilder zu a)–f).

Ü 6 Welche Stellen im Satz werden von den Infinitiven besetzt? Übersetze und zeichne Satzbilder:

a) Mihi circum visitare in animo est.
b) Etiam patruum salutare volo.
c) Vobis circum visitare non licet.
d) Equos incitare studemus.
e) Servus equum adducere debet.
f) Puer parvus equitare non potest.
g) Pater ad fratrem suum equitare in animo habet.

Ü 7 Zu welchen lateinischen Vokabeln gehören folgende Wörter? Welche Bedeutung haben sie heute (8–10 W)?

Variation	Signal	exerzieren	Kur
Regent	Offizier	Legende	Dur (Tonart)
Medium	Defensive	Epistel	Valenz

Ü 8 Übersetze den folgenden Teil eines Antwortbriefes an Q. Titurius und beachte dabei die Information (i) 1 zum lateinischen Brief-Stil:

Rom, 1. Oktober

Lieber Quintus!

Hoffentlich geht es Dir gut; wir jedenfalls sind gesund und froh, weil wir Deinen Brief lesen ...

Laß es Dir gut gehen!
Deine Eltern

11

T **Dē aetāte aureā**
(Dē aetātibus prīma pars)

1 Ōlim Sāturnus rēgnum Italiae tenēbat; tunc populus in sēcūritāte et ōtiō semper vīvēbat. 2 Hominēs, quamquam lēgēs nōndum erant, iūstitiam colēbant
neque vōce iūdicis terrēbantur; poena et timor aberant. 3 Sēcūrī et contentī
incolae vītam agēbant neque regiōnēs longinquās aut ōrās aliēnās petēbant.
4 Nōndum nāvigia habēbant, sed in suā terrā manēbant. 5 Itaque nōn invidia,
nōn īra, nōn bellum erat; neque galeās neque gladiōs possidēbant, nōn oppida
vallō firmābant. 6 Virī, quod ad bella nōn trahēbantur, nōn mīlitum vītam,
sed iūcundum ōtium sine armīs agēbant.

7 Alia causa multārum contrōversiārum hominibus tunc īgnōta erat, quod
Terra aurum et argentum et cētera metalla tenebrīs premēbat et occultābat.
8 Sed per sē dabat Terra frūmentum in agrīs, pōma in arboribus, ūvās in vīneīs,
flōrēs quoque in prātīs. 9 Itaque hominēs neque arābant neque serēbant;
labōribus nōn vexābantur, malā valētūdine nōn premēbantur, caelō semper
serēnō dēlectābantur, quod vēr aeternum erat.

10 Tunc nōndum lapidēs terminōs agrōrum sīgnificābant, nōndum agricola
campum suum līmite sēparābat. 11 Timor leōnis pāstōrem nōndum sollicitā-

bat; sēcūrus inter ovēs somnum petēbat. 12 Pāce aeternā cūnctī hominēs gaudēbant. 13 Profectō bene vīvēbātur sub Sāturnō rēge! 14 Itaque incolae Italiae diū laudem rēgis bonī canēbant, et memoria Sāturnī etiam ā posterīs servābātur. 15 Etiam hodiē hominēs dē „aetāte aureā" narrant.

A 1 Welches Wort des Einleitungssatzes deutet darauf hin, daß die in diesem Text geschilderten Dinge der Vergangenheit angehören?

A 2 Schreibe alle Prädikate aus T 1–6 so heraus, daß du – nach dem Vorbild von 6 G 1 und 10 G 1 – die Endungen für die einzelnen Personen („Personalendungen") abtrennst.
Welchen gemeinsamen Bestandteil findest du bei fast allen Verbformen in deiner Liste?
Welche Prädikate haben diesen Bestandteil nicht?

→ G 1–2

A 3 Zähle alle Dinge auf, die den Reiz des Goldenen Zeitalters ausmachten. Bilde dabei zwei Gruppen:
a) Vorteile, die es damals, später aber nicht mehr gab.
b) Nachteile, die es damals noch nicht gab, die aber später das Leben der Menschen schwer machten.
Was kann man aus dem unterschiedlichen Umfang der Listen schließen?

A 4 Zeige an den Repetitionen des Wortes homines und an seinen Paraphrasen, daß die Zustände im Goldenen Zeitalter ausschließlich aus der Sicht der Menschen geschildert werden.
Kann man sagen, daß agricola und pastor (T 10 und 11) auch Paraphrasen für homines sind, obwohl diese Wörter im Singular stehen? Begründe deine Entscheidung.

→ G 3–4

A 5 Übersetze den Text unter sorgfältiger Beachtung der Regeln für die Wiedergabe eines lateinischen Prädikativums und eines Genetivus obiectivus.

→ G 5

Saturn

ⓘ **Saturnus,** einer der ältesten römischen Götter, Vater Iuppiters, Schutzgott des Ackerbaus und der Obst- und Weinkultur, herrschte als König in Latium (Landschaft Italiens), wo die Menschen unter seiner Herrschaft eine sorgenfreie und friedliche Zeit hatten. Iuppiter hat seinen Vater dann entthront.

11

Ü 1 Präge dir die neuen Verbformen ein, indem du das Imperfekt der folgenden Verben im Aktiv und, wenn es vom Sinn her möglich ist, auch im Passiv „konjugierst“, d. h. nach dem Muster der Tabelle in G 1 alle Imperfektformen untereinanderschreibst: legere – exercere – custodire – studere – vexare.

Ü 2

	Aktiv	Passiv
Präsens	laudat	laudatur
Imperfekt	laudabat	laudabatur

Bilde solche „Quartette“ von den folgenden Verben in der jeweils angegebenen Person. (Nicht immer werden deine Quartette vollständig sein können; achte auf die Bedeutung der Verben!)
defendere, 2. Pl. – incitare, 3. Sg. – audire, 3. Pl. – relinquere, 1. Pl. – posse, 1. Sg. – manere, 2. Pl. – occultare, 1. Pl. – trahere, 3. Sg. – regere, 1. Sg. – superare, 2. Pl. – esse, 3. Sg. – venire, 1. Sg. – complere, 1. Sg. – servare, 2. Sg. – sollicitare, 3. Pl. – monere, 3. Pl. – abducere, 3. Pl. – scire, 2. Pl. – advocare, 1. Sg. – mittere, 2. Sg.

Ü 3 Lege dir eine Tabelle nach folgendem Muster an, trage die angegebenen Verbformen ein und kreuze dann in den Spalten das Zutreffende an.

	Genus verbi		Tempus		Numerus		Person		
	Akt.	Pass.	Präs.	Impf.	Sg.	Pl.	1.	2.	3.
legis									
reponebantur									
…									

Ferner: ruebatis – scimus – vexabaris – iubeo – narratur – apparebat – es – premor – occupabamus – apportatis – prohibebamini – poterant – clamabam – obtinemus – quaereris – firmabamur – vincuntur – erat – adducebar.

Ü 4 Überlege dir passende Übersetzungen für das Vollverb esse:
a) Servus iam in horto est.
b) Equi in stabulo erant.
c) Frumentum in horreis est.
d) Hic arma non sunt.
e) Aetate aurea hominibus aurum non erat.

Ü 5 Übersetze unter Beachtung von G 4:
a) Rumore vitae nimis periculosae sollicitaris.
b) Tua cura salutis meae cunctis nota est.
c) Multa bella Germanorum Romani gerebant.
d) Studium divitiarum saepe homines ad bellum trahit.
e) Dolor tuae valetudinis malae me vexat.
f) Pater de bellis Germanorum narrat.

Ü 6 Welche Stelle im Satz besetzt das Wort contenti?
a) Contenti homines saepe laudantur.
b) Homines aetate aurea contenti vivebant.
c) Aetate aurea homines erant contenti.
Zeichne zur Verdeutlichung die Satzbilder zu diesen Sätzen.

Ü 7 Bestimme folgende Formen dir noch unbekannter Substantive und gib jedesmal den Nominativ Singular an. Alle Substantive gehören zur konsonantischen Deklination: aestatem, moribus (einsilbiger Stamm!), honores, magnitudinis, consulum, dignitate, pedibus, opem, nationes, sacerdotum, ventri, principis, legionibus, mulierem, pontifices, ducibus.

Ü 8 Zu 11 G 3 (Prädikativum):
Verbinde die Teile zu einer wahren Aussage:

1	Das Prädikatsnomen	A	nimmt eine Mittelstellung ein zwischen Attribut und adverbialer Bestimmung.
2	Das Adverb	B	bezeichnet am Substantiv eine allgemeine, dauernd gültige Eigenschaft.
3	Das adjektivische Attribut	C	erläutert die näheren Umstände der im Prädikat geschilderten Handlung.
4	Das Prädikativum	D	ist eine notwendige Ergänzung zum Hilfsverb.
5	Das Prädikatsnomen	E	bezeichnet einen bestimmten, nur auf die Satzhandlung bezogenen Zustand.
6	Das Prädikativum	F	steht in KNG-Kongruenz zu seinem Beziehungswort.
7	Das adjektivische Attribut	G	gehört sowohl zum Subjekt als auch zum Prädikat des Satzes.
8	Das Prädikativum	H	richtet sich in K, N und G nur nach dem Subjekt des Satzes.

Vgl.: Adjektivisches Attribut: 4 G 1
Prädikatsnomen: 4 G 2
Adverbiale Bestimmung: 5 G 1
Prädikativum: 11 G 3

Ü 9 Zu 11 G 3:
Unser ältester Bruder ist meistens heiter und ausgeglichen, aber heute abend kam er besonders fröhlich nach Hause. ,,Wißt ihr, warum ich so spät komme? Ich habe doch neulich an einem schwierigen Wettbewerb teilgenommen. Nun denkt euch: Ich habe einen Preis gewonnen! Vater wird sicher sehr zufrieden sein mit mir. Jedenfalls haben wir noch ein Stündchen vergnügt miteinander gefeiert, und deshalb komme ich heute abend spät, aber sehr fröhlich nach Hause ..."
Notiere in diesem kleinen Text folgende Satzteile:
Adverbiale Bestimmungen, adjektivische Attribute, Prädikatsnomina, Prädikativa.

12 T Dē Neptūnō et Minervā

(Historiae Graecae prīma pars)

1 Ōlim magna inter Neptūnum Minervamque contrōversia erat, quod et deus et dea terram Atticam possidēre et ibī oppidum aedificāre cōgitābant. 2 Incolae tum in vīcīs dispersī habitābant; neque enim oppidum neque mūrōs neque mūnīmenta aedificāre poterant. 3 In vīcīs aut in agrīs sine mūrōrum praesidiō erant neque rārō aut ā bēstiīs vexābantur aut ab adversāriīs opprimēbantur. 4 Itaque et Neptūnus et Minerva incolīs Atticae dōnō subvenīre studēbant: Minerva oleam prīmam sēvit, Neptūnus fontem aquae creāvit. 5 Iovī, summō deō, Minervae dōnum magis placuit; itaque Minervae fīliae terram Atticam adiūdicāvit. 6 Quā rē Neptūnum, frātrem suum, graviter laesit. 7 Neptūnus autem iūdiciō summī deī nōn pāruit, sed īrātus ad ōram ōceanī sēcessit atque ventōs undāsque excitāvit. 8 Hōc modō tōtam Atticam inundāvit et paene ūnā cum incolīs dēlēvit. 9 Tum Iuppiter, quod et īram frātris plācāre et vītam incolārum servāre in animō habēbat, Mercurium, nūntium deōrum, dē Olympō mīsit. 10 Mercurius Neptūnum asperīs verbīs terruit, et deus ōceanī statim rēcessit neque diutius frātrī repūgnāvit. 11 Postquam Iuppiter incolās miserōs servāvit, Minerva perīcula labōrēsque sublevāvit: 12 Oppidum enim aedificāre docuit incolīsque cūnctīs modīs cōnsuluit et ita populum anteā ferum ad vītam hūmānam ēdūcāvit. 13 Nunc etiam aliī deī auxilium praebuērunt: Cerēs, dea agrīcultūrae, incolīs frūmentum dōnāvit, Bacchus ūvās et vīnum. 14 Dēnique Neptūnus Minervae et novō oppidō nōn iam īnfestus erat, sed etiam operam suam incolīs praebuit; imprīmīs nāvigia aedificāre docuit. 15 Incolae grātī novum oppidum „Athēnas" nōmināvērunt (Minervam enim Graecī Athēnam nōminabant!), statuam deae prō templō collocāvērunt deamque ōrāvērunt: 16 „Tū, dea benīgna, nōs servāvistī; servā et adiuvā nōs etiam in posterum!"

A 1 Mache dich mit Hilfe des Wörterverzeichnisses mit dem Inhalt von T 1–4 vertraut.
a) Nenne die Ursache für den Streit zwischen Neptun und Minerva.
b) Beschreibe die Zustände, die Neptun und Minerva zum Eingreifen auf der Erde veranlaßten.
Aus welchen Sätzen des Textes kannst du die Antworten zu a) und zu b) entnehmen?

A 2 An welcher Stelle in T 1–4 wird zum erstenmal erzählt, daß Neptun und Minerva tätig werden? Welche Tätigkeiten führen sie aus? Welche lateinischen Prädikate drücken diese Tätigkeiten aus?

→ G 1–2

A 3 Worin unterscheiden sich die Prädikate, in denen Zustände in der Vergangenheit *beschrieben* werden, von den Prädikaten, in denen Vorgänge in der Vergangenheit *erzählt* werden (T 1–4)?

A 4 Schildere in Stichworten den weiteren Verlauf und die Schlichtung des Streites (T 5–10). Aus welchem lateinischen Ausdruck im Text kannst du den Grund dafür entnehmen, daß Iuppiter die Entscheidungsgewalt zukam? 12

→ G 3

A 5 a) Stelle alle Repetitionen und Paraphrasen von Neptunus und von Minerva in T 1–10 zusammen. Zähle auch die Leerstellen dazu, die mit einem der beiden Namen auszufüllen sind.

b) Was ist wohl der Grund dafür, daß in T 2 und T 3 keiner der beiden Streitenden erwähnt wird?

c) Welcher der beiden Streitenden tritt in T 5–10 in den Vordergrund? Wie ist dies zu begründen?

A 6 Welche einleitenden Wörter in T 11–16 zeigen an, daß jetzt ein neuer zeitlicher Abschnitt geschildert wird?

A 7 Achte beim Übersetzen des Textes darauf, welche Adjektive als Prädikativa zu verstehen sind.

ⓘ 1 **Attica** (Attika), eine griechische Landschaft, die als Halbinsel von drei Seiten vom Meer umgeben ist; Athen ist die Hauptstadt dieses Gebietes geworden. Gründungs-Sagen wie die hier geschilderte werden gern erzählt, zumal die Einwohner solcher Städte auf die angebliche Gründung durch einen Gott sehr stolz waren. Über die historische Entwicklung der Stadt Athen später Näheres in 20 T.

ⓘ 2 Hier lernen wir mehrere griechisch-römische Götter und Göttinnen kennen:
Iuppiter (dekliniert: Iovis, Iovi, Iovem, Iove; auch Jupiter; griech. Zeus) der „Vater der Menschen und Götter", auch „Götterkönig", thront auf dem Olymp; seine Gemahlin ist **Iuno** (vgl. 18ⓘ3); mehrere Götter und Göttinnen der nächsten Generation sind seine Kinder, so z. B. Venus (in Lektion 18) und einige der folgenden.

Münze mit dem Bildnis des Zeus (lat. Iuppiter)

Neptun

12

Römische Götter
(vorn: Minerva, Iuppiter, Iuno; dahinter: Hercules, Bacchus, Ceres)

Neptunus (griech. Poseidon) ist der Gott des Meeres und überhaupt des nassen Elementes; mit dem Dreizack wühlt er das Meer auf und ruft Seestürme und auch Erdbeben hervor. Er ist auch Schutzgott der Pferdezucht, gehört zur älteren Göttergeneration und ist ein Bruder Iuppiters.
Minerva (griech. Athena), die wehrhafte Kriegsgöttin – stets mit Helm, Speer und Schild abgebildet – aber auch Schutzpatronin der Künstler und Handwerker, daher auch Göttin der Weisheit genannt.
Bacchus (griech. Dionysos), auch ein Iuppiter-Sprößling, ist der Gott der Vegetation und besonders des Weins, daher auch Gott der Lebensfreude.
Ceres, die Tochter des Saturnus (11ⓘ), ist die Göttin des Ackerbaus und des Wachstums.
Mercurius (griech. Hermes), ebenfalls ein Sohn Iuppiters, ist Schutzgott des Handels und Verkehrs und deshalb auch Götterbote.
Hercules (griech. Herakles), ein weiterer Sohn Iuppiters, ist ein bekannter Held der griechischen Sage.

ⓘ 3 Der **Olymp** (lat. Olympus), ein rund 3000 m hoher Berg in Nord-Griechenland, galt wegen seines meist wolkenverhangenen Gipfels als Wohnsitz der Götter, weshalb sie oft auch als „die olympischen Götter" bezeichnet werden. – Der Name hat nichts zu tun mit **Olympia:** Dies ist ein kleiner, aber wichtiger Ort im Südwesten Griechenlands, der als Austragungsort der Olympischen Spiele bekannt ist.

Ü 1 Bilde nach G 1 den Infinitiv Perfekt und konjugiere dann das Perfekt von: scire – apparere – abesse (im Perfekt wird wegen des folgenden Konsonanten als Vorsilbe nur a- statt ab- genommen) – clamare – laedere.

Ü 2 Sortiere die folgenden Verbformen nach Person und Numerus in sechs Gruppen (1. Sg., 2. Sg., 3. Sg., 1. Pl., 2. Pl., 3. Pl.): monent – accedis – prohibuisti – servavistis – doceo – exercuerunt – obtinui – praebebas – imperavit – pareo – adduxit – adducit – oravimus – imperabat – paruit – laboravi – advocaverunt – opprimimus – habuimus – optabam – manebatis – habitavistis – studebamus – intermisistis – emebant – tenui – arcuistis.

Ü 3 Übersetze und zeichne Satzbilder:
a) Iucundum est officia sua explevisse.
b) Praestat amari quam timeri.
c) Non satis est amicis consuluisse et consulere; nunc factis adiuvari debent.

Ü 4 Im folgenden Text stellt Neptun die Vorgeschichte der Gründung Athens dar. Gib den in Klammern angegebenen Verben die richtige Form; prüfe dabei, wo im Lateinischen Imperfekt, wo Perfekt stehen muß und wo das Präsens angebracht ist.
„In terra Attica oppidum novum aedificare (cogitare), sed filia Iovis idem (dasselbe) in animo (habere). Diu controversia inter nos (esse); Iuppiter denique filiae suae terram (adiudicare). Qua re summus deus me graviter (laedere)! Ego iratus (secedere) et totam terram (inundare). Tandem cuncti dei me (placare). Summo deo repugnare durum (esse). Itaque Iovi (parere); interdum parere (praestare)."

Ü 5 „Salve, domine oceani! Summus deus me misit et incitavit, nam iram tuam placare in animo habet. Itaque tibi dico: Pare fratri tuo, summo deo! Terram inundavisti, incolas paene delevisti! Nunc satis est. Recede in regnum tuum atque ventis undisque impera!"
Wer ist der Sprecher?

Ü 6 Verfasse selbst kleine lateinische Texte nach der Art von Ü 5. Zum Beispiel:
a) Wie stellt Minerva ihren Fall dar?
b) Wie urteilt Iuppiter über den Fall?
c) Was erzählt ein Bewohner Attikas?

13

T **„Tempora mūtantur“**

(Dē aetātibus altera pars)

1 Sub Iovis rēgnō tempora mūtāta sunt, et hominēs quoque mūtātī sunt. 2 Postquam annus in quattuor spatia dīvīsus est, hominēs imbrem et nivem fugere cōguntur et prīmum in antrīs, deinde in casīs locō tūtō cōnstrūctīs sē tegunt. 3 Nunc terram validō arātrō scindunt, sēmentem faciunt; taurī iugō pressī per agrōs incēdunt. 4 Magnō cum labōre agricolae frūgēs ex agrīs capiunt; sīc cōpiās ad vītam necessāriās sibi pariunt. 5 Cōpiās aestāte partās hominēs hiemī repōnunt ac custōdiunt, quod semper cōpiīs suīs timēre dēbent. 6 Nam cibāria nōnnumquam ab improbīs rapiuntur; imprīmīs mīlitēs cōpiās nōn labōre, sed sanguine partās possident.

7 Postquam pāx et concordia ē terrīs pulsae sunt, etiam pudor et probitās fugiunt. 8 In virtūtum locum nunc dolī fraudēsque succēdunt, et cūnctīs vitiīs animī hominum nunc afficiuntur. 9 Quantus furor est mortem ātram bellīs arcessere! 10 Ubīque mors nunc imminet et tacitō pede propius venit.

11 Sīc aurea aetās fīnīta est simulque pāx et sēcūritās fīnītae sunt. 12 Propterеā hodiē quoque multī hominēs nova tempora vituperant, antīqua autem laudāre solent. 13 Quod pācem iūcundam cupimus, hominibus saeculōrum praeteritōrum saepe etiam invidēmus. 14 Tempora ab Iove mūtāta sunt, ut nōbīs ā poētīs expositum est. 15 At prōverbium nōtum dīcit: „Tempora mūtantur, nōs et mūtāmur in illīs.“ 16 Prōverbium autem fortasse corrigī et convertī potest: 17 Hominēs mūtantur, et tempora quoque ab hominibus mūtantur!

A 1 Zähle mit eigenen Worten alle die Angaben in T 2–6 auf, die eine Ausführung des in Überschrift und T 1 mitgeteilten Themas bilden.
Vergleiche diese Angaben mit der Schilderung des Goldenen Zeitalters in 11 T. Auf welche der dort genannten Zustände (gib jedesmal die Satznummer an) wird hier Bezug genommen?

A 2 Schreibe aus T 1–6 alle Prädikate heraus, die in der 3. Person Plural Präsens (Aktiv oder Passiv) stehen, und ordne ihnen mit dem Zeichen → den Infinitiv Aktiv Präsens des betreffenden Verbs zu. Welche dieser Prädikate weichen von der Formenbildung der dir bisher bekannten Konjugationen ab?

→ G 1

A 3 Welche weiteren Prädikate enthalten T 1–6? Was ist das Besondere an ihrer Form?

→ G 2–3

A 4 Schreibe aus T 1–6 alle näheren Bestimmungen von Substantiven heraus, die den Regeln der KNG-Kongruenz folgen, und ordne sie mit dem Zeichen → ihren Beziehungswörtern zu. Welche der vorkommenden Bestimmungen sind Formen von Verben? Du kannst dies mit Hilfe der Stammformen (vgl. G 3 und W) leicht feststellen.

→ G 4

A 5 Welche Zustände des Goldenen Zeitalters bestehen heute nicht mehr, obwohl ihre Veränderung in 13 T nicht besonders erwähnt wird? Nimm zur Beantwortung dieser Frage deine Liste von 11 A 3 zu Hilfe.

A 6 Was haben die Erzählungen heutiger Menschen von der „guten alten Zeit" mit der Vorstellung vom Goldenen Zeitalter gemeinsam? Wie läßt sich die Vorstellung vom Paradies im Alten Testament mit der Darstellung des Goldenen Zeitalters vergleichen?

→ G 5

Ü 1 Konjugiere schriftlich im Präsens und Imperfekt:
a) copias rapio et repono
b) venio et pacem cupio
c) capior et custodior
d) timeo, itaque fugio

Ü 2 Bilde den Infinitiv Präsens des Aktivs und Passivs von folgenden Verben:
a) teneo
b) occulto
c) audio
d) fodio
e) scindo
f) rapio
g) corrigo
h) excito
i) premo
k) exerceo
l) custodio
m) pario

Ü 3 Bilde zu den in Ü 2 genannten Verben die Imperative Singular und Plural.

Ü 4 Von jetzt an können wir von lateinischen Verben vollständige Stammformen-Reihen zusammenstellen. Vergleiche:

Deutsch:	*schwimmen*		*schwamm*	*geschwommen*
	singen		*sang*	*gesungen*
Englisch:	*to write*		*wrote*	*written*
	to go		*went*	*gone*
Lateinisch:	tegere	tego	texi	tectum
	custodire	custodio	custodivi	custoditum
	rapere	rapio	rapui	raptum

a) Warum sind im Lateinischen vier Formen notwendig gegenüber den drei Formen im Deutschen und Englischen?

b) Ergänze die folgenden Formen zu vollständigen Stammformen-Reihen: premere – construo – vituperavi – dictum – incedere – expono – correxi.

Ü 5 Die „Quartette" von 11 Ü 2 können nun um die Formen des Perfekts zu „Sextetten" erweitert werden:

	Aktiv	Passiv
Präsens	laudas	laudaris
Imperfekt	laudabas	laudabaris
Perfekt	laudavisti	laudatus (-a) es

Bilde von den folgenden Verben solche Gruppen in der jeweils angegebenen Person:

dividere (3. Sg.) mutare (1. Pl.)
tegere (1. Sg.) reponere (3. Pl.)
rapere (2. Pl.) custodire (2. Sg.)

Ü 6 Verwandle (in deinem Heft) nach den angegebenen Mustern die Sätze aus dem Aktiv ins Passiv bzw. aus dem Passiv ins Aktiv:

a) Tempora ab Iove mutata sunt.	Iuppiter tempora mutavit.
b) Annus ab Iove divisus est.	...
c) Casae ab hominibus constructae sunt.	...
d) Terra aratro valido ab hominibus scinditur.	Homines aratro valido terram scindunt.
e) ...	Improbi copias repositas rapuerunt.
f) ...	Homines tempora antiqua laudaverunt.
g) ...	Homines copias hiemi reposuerunt.
h) ...	Iugum nunc taurum pressit.

Ü 7 Vgl. T 2: Homines *in casis loco tuto constructis* se tegunt.

Die hier schräg gedruckte Adverbiale Bestimmung des Ortes besteht aus einem Substantiv und einem zu ihm passenden P.P.P. als Attribut: in casis ... constructis. Die Kongruenz ist deutlich erkennbar. Zwischen beide ist nochmals eine Adverbiale Bestimmung loco tuto eingeschoben, die von dem Attribut constructis abhängt und dieses erweitert, im vorliegenden Satz um eine weitere Ortsbestimmung (bei „loco" ohne die Präposition in). Wir nennen das ein erweitertes Attribut.

Betrachte genau das Satzbild: 13

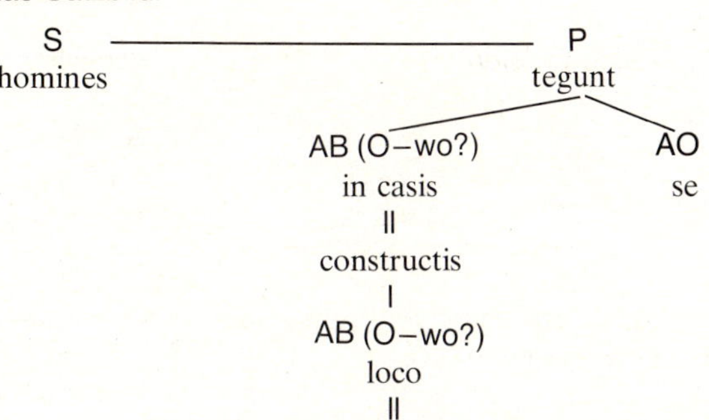

Die Erweiterung in einem solchen Wortblock kann auch eine Adverbiale Bestimmung der Zeit, des Urhebers, der Art und Weise, oder ein Objekt sein, kurz: alle Satzteile, die wir bisher in Abhängigkeit vom Prädikat gefunden haben. Das P.P.P. ist ja eine Verbform.

Der Wortblock selbst ist auf der Stelle des Subjekts, eines Objekts oder einer Adverbialen Bestimmung zu finden.

1. Notiere solche Wortblöcke aus den übrigen Sätzen von 13 T.
2. Übersetze und zeichne Satzbilder:

a) Copiae ab hominibus repositae custodiri debent.
b) Proverbia a poetis dicta nos saepe docere possunt.
c) Metalla tenebris occultata olim hominibus ignota erant.
d) Agricolae fruges ex agris captas hiemi reponunt.
e) Hominibus laboribus non vexatis interdum invidemus.
f) Oppida vallo murisque firmata vix capi possunt.
g) Tempora sub Iovis imperio mutata homines ad laborem incitaverunt.

Ü 8 Zu welchen lateinischen Vokabeln gehören folgende Wörter? Welche Bedeutung haben sie heute (11–13 W)?

Partei	historisch	simultan	Rezession
Popularität	Summe	antik	Exzeß
Hominiden	lädieren	kapieren	Division
Vokal-Musik	miserabel	Sanguiniker	Mission
Terror	Dozent	Puls	Position
Legalität	Humanität	Pedal	Korrektur
regional	Mutation	Diktat	
Militär	spazieren	Presse	
Okkultismus	Invalide	Konstruktion	

14

T Dē aetātibus tertia pars

1 Postquam Sāturnus pulsus est, Iuppiter rēgnum cēpit et statim cūncta conver-
tit; subitō multa mala in vītam hominum irrūpērunt. 2 Prīmum Iuppiter
annum in quattuor spatia dīvīsit. 3 Tum hominēs aestātem et hiemem nōvērunt et in aedificia fūgērunt. 4 Anteā enim sub caelō vīvēbant, nunc casās aedificāre didicērunt. 5 Hominēs, nunc colōnī et agricolae, arāvērunt et sēvērunt
et frūgēs ex agrīs cēpērunt. 6 Frūgēs incoctās autem edere nōn poterant; ergō
tum prīmum ignem incendērunt cibōsque ad cēnam parāvērunt.
7 Labōrēs et perīcula etiam animōs hominum mūtāvērunt: 8 Altīs in montibus
arborēs nunc ab hominibus caesae, ex arboribus caesīs nāvigia facta sunt.
9 Nautae, quamquam ventōs nōn bene nōvērunt, tamen vēla tetendērunt et
ventīs sē commīsērunt. 10 Cupiditās enim hominēs per ōceanum ad ōrās aliēnās pepulit; hominēs terrās nōndum vīsās tetigērunt et opēs domum vēxērunt.
11 Ē terrā ipsā ēruērunt metalla et dīvitiās sibi peperērunt; sed nōn modo
aurum et argentum, sed etiam ferrum ē tenebrīs trāxērunt. 12 Ē ferrō autem
arma et īnstrūmenta bellī fēcērunt. 13 Invidiā cūnctī incēnsī sunt: alius alium
fefellit; sī fallere nōn potuit, offendit. 14 Offēnsus rūrsus arma comprehendit
et sē dēfendit; ita cūnctī in discordiam ruērunt. 15 Vīvēbātur ex raptō; furor
anteā īgnōtus mentēs hominum incessit. 16 Victa iacuit pietās; deī deaeque
terram relīquērunt et in Olympum sē recēpērunt.

Ein Schiff wird mit Getreide beladen. Es befährt den Tiber zwischen dem Hafen Ostia und Rom.

A 1 Betrachte zunächst den Inhalt des ersten Absatzes (T 1–6). Gib in Stichworten an, welche Veränderungen der Verhältnisse unter Iuppiters Herrschaft eintraten und wie die Menschen sich an die neuen Verhältnisse angepaßt haben.

A 2 Schreibe aus dem 1. Absatz alle Prädikate heraus, die im Perfekt stehen, ordne sie nach Aktiv und Passiv und nenne jedesmal den Infinitiv Präsens.

→ G 1

A 3 a) Welche schlechten Eigenschaften nahmen die Menschen schließlich an? Nenne die beiden lateinischen Begriffe aus dem zweiten Absatz. Gib ferner in Stichworten an, welche Handlungen der Menschen aus diesen Eigenschaften erwachsen.

b) Welche gute Eigenschaft geht endgültig verloren? Nenne auch hier die Folge aus dem Verlust dieser Eigenschaft.

A 4 Schreibe nun alle Prädikate, die im Perfekt Aktiv stehen, aus dem Text heraus und ordne sie nach den sechs Arten der Perfektstämme.

→ G 2

ⓘ Betrachte nochmals die Texte der Lektionen 11, 13 und 14 im Zusammenhang. Diese Texte enthalten eine der ältesten Sagen der Menschheit, den Traum vom verlorenen Glück (= Paradies?) und die Hoffnung auf eine Wiederkehr dieser traumhaften Zeiten. Die Sage enthält auch den Versuch, Gründe für den Verlust dieses Glücks und für die Verschlechterung der Lage zu finden und die Übel zu erklären, unter denen die Menschheit seitdem leidet: Habgier, Neid, Haß und Krieg. Betrachte 14 T 16: Sind die Menschen seitdem wirklich „von allen guten Geistern verlassen"?

14 Ü 1 Lege eine Tabelle nach folgendem Muster an und trage Beispiele für die verschiedenen Perfekt-Stämme ein:

v-Perfekt:	u-Perfekt:	s-Perfekt:	Dehnungs-Perfekt:	Reduplikations-Perfekt:	Stamm-Perfekt:
noverunt	potuit	divisit	cepit	didicerunt	convertit

Ü 2 Ordne die folgenden Formen je nachdem, ob sie
a) Präsens b) Perfekt oder c) beides sind:
didici, tendunt, incenderunt, comprehendunt, dividit, edit, vivimus, vincimus, vinci, fugimus, defenditis, offendistis, iacuimus, vidisti, cecidit, videri, peperi.

Ü 3 Beachte lange und kurze Silben und die daraus erwachsenden unterschiedlichen Bedeutungen: novī – nōvī, edī – ēdī, fugimus – fūgimus, parere – parēre.

Ü 4 Übersetze und unterscheide genau ähnlich klingende Formen:

vixi – vexi
tetendit – tetigit
pepulimus – peperimus
positum – monitum
captus – raptus
dico – disco
potui – posui
tectum – tactum
vectum – tectum
capiunt – cupiunt

Ü 5 Übersetze und beachte dabei G 2:
a) Multa mala vidi, sed etiam multa bona novi.
b) Semper bona peto, sed ad mala trahor.
c) Aliena non cupio, mea servo.
d) In tutum vos recipite!

Z Variae sententiae (I)

1. *Wahlspruch des Benediktiner-Ordens:* Ora et labora!
2. Errare humanum est.
3. Veri amici rari.
4. Homo homini lupus.
5. *In einer Fabel berichtet ein Prahler, er habe einst in Rhodos einen Rekordsprung getan. Da fordert man ihn auf:* Hic Rhodus, hic salta!
6. *Auf einer Sonnenuhr:* Horas non numero nisi serenas.
7. Dum spiro, spero.
8. Tandem bona causa triumphat.
9. Iucundi acti labores.
10. *Als Caesar sich im Jahre 49 am Rubico für den Angriff und damit für den Bürgerkrieg entschied, zitierte er ein griechisches Dichterwort, das lateinisch so lautete:* Alea iacta est.
11. Varietas delectat.
12. Gaudia principium nostri sunt saepe doloris.
13. Plenus venter non studet libenter.
14. *Nach einer Legende floh Petrus aus Rom; als ihm der Herr Jesus Christus unterwegs erschien, fragte er ihn:* Domine, quo vadis?

Legionsstempel auf römischen Ziegeln
legio XXII. PPF (oder PR-PI-F) (= Primigenia Pia Fidelis): 22. Legion, die erstgeborene, fromme, treue

T **Dē mīlitiā**

1 Nūper epistulam ā Tituriō ad parentēs missam lēgimus. 2 In eā epistulā ille mīles pauca dē vītā suā et dē officiīs suīs narrāvit. 3 Dēscrīpsit castellum quoque et casās mīlitum; inter alia scrīpsit casās admodum angustās esse. 4 Adiēcit vītam mīlitum nōn tam iūcundam esse quam vītam domesticam. 5 Multōs enim mīlitēs caelō insolitō saepe labōrāre et hieme diūturnā vexārī vīdit. 6 Quā dē causā Titurium commīlitōnēsque caelum patrium terramque patriam valdē dēsīderāvisse ex epistulā intellegimus.

7 Scrīptōrēs Rōmānī disciplīnam sevēram fuisse nōbīs trādunt, quīn etiam mīlitēs ob noxam exiguam ā centuriōnibus verberātōs esse. 8 Et in imāginibus vidēre potestis centuriōnēs semper vītibus (i.e. baculīs ligneīs) īnstrūctōs esse. 9 Apud Tacitum legimus mīlitēs aliquandō centuriōnī suō per iocum vocābulum „cedo alteram“ dedisse. 10 Cum enim vītis in mīlitis tergō frangēbātur, ille centuriō clārā vōce alteram vītem apportārī iubēbat.

15

11 Et disciplīnā sevērā et imprīmīs labōre assiduō mīlitēs cōnficiēbantur, quod tribūnī legiōnāriōs numquam ōtiōsōs esse sinēbant. 12 Centuriōnēs quoque ambitiōsī virōs suōs virtūte et celeritāte mīlitēs cēterārum centuriārum superāre cupiēbant; maximē enim gaudēbant mīlitēs suōs ab imperātōre laudārī. 13 Legiōnāriōs cūncta ad vītam necessāria magnō cum labōre aut ipsōs fabricāvisse aut sēcum portāvisse ex librīs auctōrum antīquōrum vel ex imāginibus scīmus; quīn etiam laterēs tēgulāsque ipsī faciēbant, cum aedificia aut mūnīmenta cōnstruēbant.

14 Pauca tamen commoda mīlitiae ēnumerārī possunt: 15 Scīmus mīlitibus cīvitātem datam esse atque legiōnāriōs propter fortitūdinem eximiam publicē laudātōs et corōnīs torquibusque dōnātōs esse. 16 Haec ōrnāmenta fortitūdinis in sepulcrīs mīlitum etiam nunc spectantur.

A 1 Vergleiche die Angaben über den Briefinhalt (T 1–6) mit 10 T und nenne die Aussagen des Titurius in 10 T, auf die hier Bezug genommen wird.

A 2 Schreibe die Wörter und Wortblöcke heraus, die in T 1–4 die Stelle eines Akkusativobjekts einnehmen. Als Hilfe können dir folgende Sätze aus früheren Stücken dienen:

2 T 7	Avus Quintum equitare videt et gaudet.
2 T 9	Aulus amicus Quintum appropinquare videt.
5 T 16	(Dominus) cunctos servos laborare videt et gaudet.
8 T 5	Liberi spectatores clamare audiunt.
10 T 10	Prima luce, ..., tribunus nos surgere iubet.

→ G 1–4

A 3 Schreibe aus dem 2. Absatz (T 7–10) die Substantive heraus, die am häufigsten vorkommen (mindestens dreimal).
a) Was läßt sich aus diesen Substantiven für den Inhalt des Absatzes erschließen?
b) Welches lateinische Substantiv aus diesem Absatz könnte als Stichwort (Überschrift) für den Inhalt des Absatzes stehen?

A 4 Suche ebenso im 3. (T 11–13) und im 4. Absatz (T 14–16) nach Substantiven, die als Überschrift zu diesen Absätzen stehen könnten.

A 5 Schreibe alle Verben aus dem Text heraus, zu denen als Objekt ein AcI gehört. Ordne sie nach den in G 2 angegebenen fünf Gruppen.

A 6 Schreibe aus dem Text alle Wortgruppen heraus, die einen AcI bilden. Unterstreiche jeweils den Akkusativ und den Infinitiv, die in einem Subjekt-Prädikat-Verhältnis stehen. Gib ferner jedesmal an, ob der AcI gleichzeitig oder vorzeitig ist zu dem Verb, dessen Objekt er ist.

ⓘ1 **Tacitus,** einer der berühmtesten römischen Geschichtsschreiber, lebte etwa von 55 bis 120 und beschrieb mit kritischer Schärfe die Geschichtsepoche seit dem Tode des Kaisers Augustus. Er verfaßte auch eine Spezialschrift über unsere Vorfahren (Titel: „Germania“).

15

ⓘ2 Das Bild auf dieser Grabplatte zeigt zweifelsfrei einen Centurio, den man an seinem Stab (vitis) erkennt; er trägt außerdem einige Tapferkeitsauszeichnungen, so auf dem Kopf einen Eichenkranz (corona), auf dem Brustpanzer mehrere Medaillen (phalerae), eine Halskette (torquis) und an den Armen Reifen (armillae). Neben dem Centurio sind zwei Freigelassene abgebildet. Name und einige Lebensdaten des Dargestellten ergeben sich aus der Inschrift:

M(arco) Caelio	Dem Marcus Caelius,
T(iti) f(ilio)	Sohn des Titus,
Lem(onia tribu)	aus dem römischen Stimmbezirk Lemonia,
Bon(onia).	geboren in Bononia (Bologna),
(centuri)o leg(ionis) XIIX	Centurio der 18. Legion,
ann(orum) LIII s(emissis)	53 $^1/_2$ Jahre alt,
(ce)cidit bello Variano.	gefallen im Varus-Feldzug.
Ossa (i)nferre licebit.	Seine Gebeine sollen (hier) bestattet werden.
P(ublius) Caelius	Publius Caelius,
T(iti) f(ilius)	Sohn des Titus,
Lem(onia tribu)	aus dem römischen Stimmbezirk Lemonia,
frater fecit.	der Bruder (des Toten), hat (das Grabmal) herstellen lassen.

Die Grabplatte wurde bei Xanten gefunden und steht im Rheinischen Landesmuseum, Bonn.

15

Ü 1 Mache die folgenden Aussagen abhängig von Titurius scribit.
Muster: Milites terram patriam desiderant.
→ Titurius milites terram patriam desiderare scribit.
a) Legionarii ad murum ruunt.
b) Legionarii Germanos exspectant.
c) Milites cottidie laborant aut exercentur.
d) Milites raro ab imperatore laudantur.
e) Milites saepe a centurione incitantur.

Ü 2 Verwandle die Sätze aus der direkten in die indirekte Rede.
Muster: Iuppiter regnum cepit.
→ Legimus Iovem regnum cepisse.
a) Iuppiter annum divisit.
b) Homines in casas fugerunt.
c) Neptunus fratri non paruit.
d) Neptunus Atticam inundavit.
e) Deus undarum denique recessit.

Ü 3 Verwende folgende Sätze als indirekte Aussagen.
Muster: Milites a centurionibus verberati sunt.
→ Scimus milites a centurionibus verberatos esse.
a) Milites coronis atque torquibus donati sunt.
b) Legionarii cuncta necessaria fabricaverunt.
c) Milites etiam aedificia construxerunt.
d) Civitas militibus post militiam data est.

Ü 4 Verwandle die abhängige Aussage wieder in einen unabhängigen Satz.
Muster: Poetae vitam hominum ab Iove mutatam esse narrant.
→ Vita hominum ab Iove mutata est.
a) Poetae arbores ab hominibus caesas esse narrant.
b) Poetae Neptunum a fratre monitum esse narrant.
c) Poetae Neptunum Atticam paene delevisse narrant.
d) Poetae pacem et concordiam e terra pulsas esse narrant.
e) Poetae annum in quattuor spatia ab Iove divisum esse narrant.

Ü 5 Verwandle den aktiven AcI in einen passiven (und umgekehrt).
Muster: Centurio milites a tribuno laudatos esse gaudebat.
→ Centurio tribunum milites laudavisse gaudebat.
a) Legimus Neptunum Atticam paene delevisse.
b) Legimus incolas a Minerva servatos esse.
c) Poeta iram Neptuni verbis Mercurii placatam esse narrat.
d) Poeta labores etiam animos hominum mutavisse narrat.
e) Scimus deos deasque terram reliquisse.

Ü 6 Setze ein passendes lateinisches Wort ein:
Muster: Titurius scripsit vitam militum *iucundam* non esse.
a) Titurius scripsit hiemem in Germania ... esse.
b) Titurius scripsit caelum ibi ... esse.
c) Titurius scripsit centurionem ... esse.
d) Titurius scripsit casas militum ... esse.
Verwende dabei die Vokabeln:

diuturnus, -a, -um	langwierig	severus, -a, -um	streng
asper, -a, -um	rauh	angustus, -a, -um	eng

Ü 7 Die meisten Substantive auf -tor, -toris sind vom Supin-Stamm eines Verbs abgeleitet (vgl. 13 G 3) und bezeichnen eine tätige Person:
imperator (15 W 12) ist abgeleitet von imperare (7 W 3).
Suche zu den folgenden Wörtern die zugrundeliegenden Verben und ermittle die deutsche Bedeutung der Substantive:
curator, spectator, cursor, emptor, victor, rector, lector, adiutor, doctor, auctor, scriptor.

Ü 8 Zeichne die Satzbilder zu den Sätzen T 8, T 10, T 11 und T 13.

Z 1 Grabinschrift

Gaius Iulius, Gai filius, Voltiniā, Carcasone, Niger, miles legionis secundae, annorum quadraginta quinque, aerum septendecim, hic situs est.

Voltinia: ein römischer Wahlbezirk – Carcaso: heute Carcassonne in Südfrankreich – Niger: der Schwarze, Beiname des Gaius Iulius.

Z 2 Grabinschrift

Viatorinus protector militavit annos triginta, occisus in barbarico iuxta Divitia a Franco. Vicarius tribuni Divitensium posuit.

Divitia: heute (Köln-)Deutz – Divitenses: die Einwohner von D. – Francus: Franke, Germane.

16 T **Dē curriculīs**

Quīntus: 1 Nūper, Claudī, cum patre in circō fuimus; ibī multōs equōs dē victōriā cursū certāre vīdimus. 2 Etiam servus patruī nostrī equitāvit et palmam peperit; nam equus patruī cēterōs equōs celeritāte vīcit. 3 Quantus clāmor fuit! Quantum spectāculum vīdimus!

Claudius vīcīnus: 4 Prōmittō vōbīs longē aliud spectāculum, et fortasse magis gaudēbitis quam nūper. 5 Brevī enim lūdī circēnsēs et cursūs equōrum in circō erunt; decem missūs peragentur. 6 Tum currūs parvī et magnī mittentur, aurīgae aut bīgās aut quadrīgās per arēnam regent et dē palmā certābunt. 7 Tum clāmor spectātōrum multō māior erit, tum tōtus circus fremitū equōrum et curruum resonābit; tōta cavea aurīgīs applaudet, cum alius currus iuxtā alium per arēnam volābit. 8 Num adhūc vīdistī curriculum, Quīnte?

Quīntus: 9 Nōndum vīdī, Claudī, quod nūper in circō equōs tantum currere vīdimus; itaque sī ā tē invītābor, libenter tēcum in circum vādam. 10 Sed dīc mihi, quaesō: Quid vidēbimus ibī, cum lūdī dabuntur?

Claudius: 11 Dīcam tibi: Tōta cavea spectātōribus complēta erit, quia multī hominēs curribus maximē gaudent. 12 Dum hominēs undique cōnfluunt, currūs adhūc in carceribus sunt, equī ad currūs iunguntur. 13 Aurīgae trepidī vel suspēnsī sīgnum exspectant; plērīque servī sunt, sed equōrum rēctōrēs perītī; nōnnūllī arte suā ēminent atque multās victōriās reportāvērunt. 14 Interim turba hominum sīgnum exspectat; spectātōrēs etiam spōnsiōnēs dē victōribus faciunt. 15 Tandem sīgnum tubā datur, et summā cum exspectātiōne cūnctōrum hominum currūs ē carceribus ēvolant. 16 Quis vincet? Cui hominēs applaudent? 17 Quem spectātōrēs victōrem acclāmābunt? Quis aurīgārum ā poētīs etiam novīs versibus praedīcābitur? 18 Nihil amplius ēnūntiābō: Tū ipse vidēbis et stupēbis; nam spectācula magnifica erunt.

Quīntus: 19 Cūnctī, crēdō, curriculīs valdē dēlectābimur diemque fēstum agēmus.

A 1 Zähle mit Angabe der Satznummern alle Substantive auf, deren Wortbedeutung mit dem Thema des Textes (vgl. die Überschrift) in Beziehung stehen. Welches dieser Substantive kommt am häufigsten vor? 16

A 2 Auf welchen Text des Lehrbuches verweist Quintus' Bericht (T 1–3)? An welche Einzelheiten erinnert er sich?

A 3 Die Aussage promitto vobis ... spectaculum (T 4) deutet darauf hin, daß dieses Ereignis in der Zukunft eintreten wird. Schreibe aus der Ankündigung des Claudius alle Verbformen heraus, von denen du vermutest, daß sie die Zeitstufe der Zukunft ausdrücken. Versuche, aufgrund der dir bekannten Personalendungen jeweils die Person zu bestimmen.

→ G 1

A 4 Versuche herauszufinden, in welchen Kasusformen die Wörter currus und cursus in T 1–12 auftreten. (Präpositionen, Aufzählungen mit et und die Satzkonstruktion können dir Hinweise geben!)

→ G 2–3

A 5 Prüfe, welche Futurformen des Textes bei der Übersetzung mit einem Präsens wiedergegeben werden können, ohne daß Zweifel über die Zeitstufe entstehen.

→ G 4

A 6 Prüfe bei allen Futurformen der 1. Person, die im Text vorkommen, ob das Futur möglicherweise den Willen des Sprechenden ausdrückt, und übersetzte diese Formen entsprechend. Verfahre ebenso bei den Futurformen der 2. Person.

A 7 Wie ist zu erklären, daß Claudius in seiner Schilderung von T 12 bis T 15 im Präsens erzählt?

A 8 Schreibe aus dem Text alle Formen heraus, die Ablative sind. Bilde dabei zwei Gruppen:
1. Ablativ mit Präposition
2. Ablativ ohne Präposition
Ordne nun die Gruppe 1 zu folgenden Untergruppen:
a) Adverbiale Bestimmung des Ortes (vgl. 5 G 1)
b) Adverbiale Bestimmung der Gemeinschaft (vgl. 5 G 1)
c) Adverbiale Bestimmung des Urhebers (vgl. 9 G 3)
d) Präpositionales Objekt (vgl. 8 G 3)
e) Präpositionales Attribut (vgl. 10 G 5).

A 9 Stelle bei der Gruppe 2 aus A 8 fest, ob die einzelnen Ablative
a) das Mittel oder Werkzeug,
b) den Grund,
c) das Maß des Unterschieds oder
d) die Hinsicht oder den Bezug („in bezug auf") angeben.

→ G 5–6

16

ⓘ1 **Wagenrennen** gehörten zu den beliebtesten Veranstaltungen. Auf leichten zweirädrigen Wagen, die von zwei, vier oder gar noch mehr Pferden gezogen wurden, umrundeten die Lenker mehrmals die langgestreckte Rennbahn, wobei an jeder Wendesäule möglichst eng und rasch und daher mit besonderen Gefahren gewendet werden mußte: diese Unfallgefahr erhöhte die allgemeine Spannung; Wetten wurden abgeschlossen; die Anhänger der einzelnen Wagenlenker oder der Rennställe überboten sich mit Geschrei und bekämpften sich nicht selten in handfesten Auseinandersetzungen.

Wagenrennen im Circus

Ü 1 T 16 und T 17 sind Fragen, die jemand *vor* dem Spiel stellt. Verwandle sie lateinisch so, als ob jemand *nach* dem Spiel die Ergebnisse wissen möchte.

Ü 2 Vorher:

Carolo et Paulo magnum est propositum: Feriis proximis Romam visitabunt. Roma discipulis a magistro monstrabitur, monumenta et artificia declarabuntur. Reliquias multorum saeculorum spectabunt et inter templa aliaque aedificia incedent. Henricum, quia non intererit, amici epistulis de Roma aeterna docebunt. Miracula Romae diu memoria tenebunt.

Nachher?

Verwandle den Reiseplan lateinisch

a) in einen Reisebericht,

b) in einen Erlebnisbericht, der von Karl oder Paul (oder von beiden) erstattet wird.

Ü 3 Übersetze und beachte die verschiedenartige Verwendung des deutschen Wortes „werden“:

a) Gaudebimus.
b) Delectamur.
c) Laeti erimus.
d) Exspectabimur.
e) Cur applauditur?
f) Quando aderitis?
g) Quando exspectamini?
h) Brevi equi iungentur.

Ü 4 Einige der „kleinen Wörter“ aus 16 T lauten: nuper, ibi, etiam, nam, longe, magis, enim, tum, aut, nondum, quia, dum, undique, vel, sed, atque, interim, tandem.

a) Sortiere diese Wörter nach Wortarten oder Funktionen.
b) Kannst du die Aufgabe dieser Wörter im Text beschreiben?

Ü 5 Folgende Präpositionen sind dir bisher bekannt geworden:
a, ab, ad, ante, apud, cum, de, e, ex, in, inter, ob, per, post, pro, sine, sub.

a) Sortiere die Präpositionen nach dieser Tabelle:

beim Nom.	beim Gen.	beim Dat.	beim Akk.	beim Abl.
...	...	...	...	...

b) Lassen sich dabei Regeln ablesen?

Ü 6 Zu welchen lateinischen Vokabeln gehören folgende Wörter? Welche Bedeutung haben sie heute (14–16 W)?

Tertiär, Tendenz, Tangente, Vehikel, Pietät, Rezept
Notiz, Fakt, Affekt, Relikt, Vektor, Offensive
Zäsur, Takt, Kommission, Trakt, imaginär, Visum, Vision
Desiderat, Disziplin, Intelligenz, Intellekt, Fraktur, Fraktion
Ornament, Autor, Adjektiv, Instruktion, Rektor, Publikum
Lektüre, Tradition, Konfekt, Applaus, Kurs
Akte, Aktiv, Aktion, Kredit

Z **De Romuli regis urbanitate**

Romulus ad cenam vocatus ibi non multum bibit, quia postridie negotium habuit. Convivae dixerunt: „Romule, si cuncti sic facient, vinum vilius erit.“ Respondit: „Immo vero carum, si quantum quisque volet bibet; nam ego bibi, quantum volui.“

A 1 Gib an, welche Wortbedeutung von immo vero und welche von carus in diesem Text zutrifft. Begründe deine Entscheidung.

A 2 Für welche Satzteile erscheinen in der Aussage immo vero carum Leerstellen, und mit welchen Wörtern sind sie auszufüllen?

A 3 Versuche bei der Übersetzung nur so viele Formen des deutschen Futurs zu verwenden, wie unbedingt nötig sind (vgl. G 3).

ⓘ2 **Romulus** war der Sage nach der Gründer Roms, das von ihm auch seinen Namen erhielt. Über seine Jugendgeschichte, die Aussetzung und wunderbare Rettung berichtet 21 T. Nach dem Tod seines Bruders herrschte Romulus als der erste König über die Stadt, die er rasch zu Größe und Macht geführt haben soll. Über diese frühe Zeit gibt es nur Sagen und unsichere Nachrichten, aber auf dem Forum Romanum zeigt man noch heute das angebliche Grab des Romulus.

17

Gallischer Streitwagen

T **Dē equīs et curribus**

1 Curricula equōrum Rōmānīs et in pāce gaudiō et in bellō ūsuī erant; equitātus
enim apud Rōmānōs pars exercitūs fuit. 2 Equitēs celeritāte et mōbilitāte nōn
modo peditēs adiuvābant, viās custōdiēbant, frūmentum requīrēbant, sed
etiam impetū repentīnō hostēs turbābant. 3 In pūgnīs plērumque peditātus
medium exercitūs continēbat; equitātus in ālīs collocābātur (ālae etiam cornua
appellābantur).

4 Aliae gentēs etiam currūs in pūgnās mittere et hostēs turbāre solēbant.
5 Caesar in commentāriīs suīs dē Britannīs haec ferē narrat: 6 Britannī currūs
habent (currūs „esseda" nōminant) atque ūsū cottidiānō equōs sīc īnstitu-
unt: 7 Equōs incitātōs etiam in locīs arduīs sustinent et flectunt; ipsī aurīgae
per tēmōnem currere et in iugō cōnsistere et inde sē in currūs recipere solent.
8 In proeliīs per cūnctās partēs adversāriōrum perequitant et tēla iaciunt et
terrōre equōrum et strepitū rotārum ōrdinēs Rōmānōrum perturbant.
9 Deinde Britannī ex essedīs dēsiliunt et pedibus pūgnant; aurīgae interim ē
proeliō excēdunt et currūs haud procul collocant. 10 Item Britannī, cum ā
Rōmānīs premuntur, citō sē ad currūs recipere possunt.

17

11 Sīc Britannī aliquandō mōbilitāte equitum, stabilitāte peditum Rōmānōs
perturbāvērunt, sed perturbātīs suīs Caesar ipse auxiliō vēnit. 12 Caesaris
adventū statim et hostēs cōnstitērunt et Rōmānī sē ex timōre recēpērunt.
13 Hoc proelium Caesar ipse in librō quārtō commentāriōrum suōrum dēscrībit.
14 Etiam nōnnūllae Germānōrum gentēs velut Suēbī in proeliīs saepe ex equīs
dēsiliunt et pedibus pūgnant, equōs autem idōneō locō relinquunt. 15 Cum
ūsus est, rūrsus ad equōs sē recipiunt, ut Caesar commemorat.

A 1 a) Welche beiden Bereiche für den Nutzen schneller Pferde werden in T 1 genannt?
b) Welcher dieser beiden Bereiche war Thema von 16 T?
c) Welche Erwartungen hast du jetzt hinsichtlich der weiteren Entfaltung des Themas in diesem Text?

A 2 Stelle aus T 1–3 alle Substantive zusammen, die zum Begriff „Kriegsführung" gehören.

A 3 Gib in Stichworten die Aufgaben der equites im römischen Heer an (T 2).

A 4 Versuche, auch mit Hilfe einer Zeichnung, die Verwendung des Wortes cornu (T 3) in der Bedeutung „Heeresflügel" zu erklären.

A 5 In T 3 ist „alae" mit cornua gleichgesetzt. Welche Form ist demnach cornua, und welches Genus hat dieses Wort?

→ G 1

A 6 Wozu bildet „aliae gentes" einen sachlichen Gegensatz? Nach welchen Gesichtspunkten kann man also die Themenausführung unterteilen?

A 7 Durch welche Beispiele wird aliae gentes näher ausgeführt? Suche im weiteren Verlauf des Textes nach Völkernamen und stelle aufgrund der Repetitionen fest, welches Volk im Mittelpunkt der Schilderung steht.

A 8 Worin unterscheiden sich die im zweiten Absatz (T 4–10) genannten aliae gentes von den Römern? Belege deine Antwort mit der Anzahl der Repetitionen des in diesem Textteil am häufigsten vorkommenden Substantivs.
a) Welche Paraphrasen für dieses Substantiv werden verwendet?
b) Suche im gleichen Textabschnitt weitere Substantive auf, die mit diesem Substantiv in enger sachlicher Beziehung stehen.
c) Welche Aussage kannst du jetzt darüber machen, wie eng sich die Textausführung an das zweite Unterthema hält?

A 9 Caesars Bericht (T 6–10) kann in „Training" und „Ernstfall" unterteilt werden. Welche lateinischen Wörter des Textes bezeichnen diese beiden Begriffe?

→ G 2–3

ⓘ1 **Britannier** (lat. Britanni), Bewohner Englands, gerieten mit den Römern erstmalig in Berührung, als Caesar zweimal (in den Jahren 55 und 54 v. Chr.) Erkundungsexpeditionen auf die Insel unternahm; er berichtet selbst darüber.

17

ⓘ2 **C. Iulius Caesar,** der berühmte Staatsmann (100 bis 44 v. Chr.), schrieb über seine Kriegszüge nach Gallien und seine Expeditionen nach Britannien und Germanien selbst ein Buch, das den Titel „De bello Gallico" trägt.
Der **Vorname Gaius** wird lateinisch C. abgekürzt; ursprünglich bezeichnete ein C die beiden Laute c und g.

ⓘ3 Die **Germanen** (lat. Germani) werden erstmals in der römischen Literatur genauer von Caesar beschrieben; Caesar versuchte in den Jahren 58–51, den Rhein zu einer stabilen Grenze zwischen Römerreich und Germanenstämmen zu machen. – **Suebi,** also Sueben (oder Sweben) nannte Caesar einen größeren Stammesverband in Südwestdeutschland („Schwaben"); ihr König hieß Ariovistus.

Silbermünze,
geprägt unter Iulius Caesar

Ü 1 Verteile die folgenden Vokabeln in die richtigen Spalten der Tabelle:
equus, currus, versibus, victoribus, usui, instrui, viri, pedi, poetis, militis, cornua, colloca, impetum, proelium, equitum.

a-Dekl.	o-Dekl.	u-Dekl.	kons. Dekl.	keine Dekl.
...	...	...	...	...

Ü 2 Achte hier auf die Funktion des Dativs:

a) (Vgl. T 11) Caesar suis auxilio venit; sic Caesaris adventus Romanis auxilio fuit.
b) Germani saepe Gallis equitatum auxilio miserunt; equitatus Gallis auxilio fuit.
c) Caesar centum milites in castris praesidio reliquit; itaque milites castris praesidio fuerunt.
d) Victoria contra Germanos parta Caesari magno honori fuit.
e) Praeda in Germania rapta militibus gaudio fuit.
f) Nova arma legionariis maximo usui erant.

Schreibe aus jedem Satz heraus

1. den Dativ der beteiligten Person (Weshalb passen die Dative, die keine Person bezeichnen, dennoch zu der Regel?),
2. den Dativ des Zweckes.

Ü 3 Übersetze:
Nautae vento atque undis territi portum petunt, quia portus navigiis perfugium tutum praebet. Magna tempestas enim imminet. In portu autem nautae bono animo eventum tempestatis exspectant, quamquam impetus fluctuum etiam portum attingunt.

Ü 4 Übersetze:
Nero imperator Romae inter Palatinum et Caelium clivos domum praeclaram et permagnam exstruxit, quae non modo multa cubicula et cenacula, sed etiam ampla atria et longas porticūs continebat. Ea domus postea, quod multis artificiis, statuis, picturis multoque auro ornata erat, „domus aurea" nominabatur. Domus aurea hodie quoque a multis hominibus spectatur; aditus domūs facile invenitur.

Nero: römischer Kaiser, regierte 54–68 – Palatinus clivus (oder einfach Palatium), Caelius: zwei der sieben Hügel Roms (vgl. Karte zu 23 T).

Ü 5 Ordne den Substantiven die passenden Attribute zu:

1. in domo	a) cottidianum
2. in cornu	b) pulchra
3. per fluctus	c) Romanum
4. ad portum	d) nostro
5. in curribus	e) dextro
6. ad usum	f) parvis
7. cum equitatu	g) primum
8. contra exercitum	h) Graeco
9. in peditatu	i) tutum
10. ad cursum	k) periculosos

Ü 6 Substantive auf -tudo, -tudinis sind meist von Adjektiven abgeleitet und bezeichnen häufig eine Eigenschaft: latitudo = Breite ist abgeleitet von latus = breit (4 W 3). Suche zu den folgenden Wörtern die zugrundeliegenden Adjektive und ermittle die deutsche Bedeutung der Substantive: altitudo, longitudo, multitudo, solitudo, magnitudo, amplitudo, valetudo (hier auch noch ein Verb).

Ü 7 Zeichne die Satzbilder zu den Sätzen T 2, T 4, T 7 und T 8.

Z 1 **Musculus et rana**

Musculus aliquando cum rana pugnabat. Milvus procul eos spectavit et praedae avidus statim advolavit. Bestiolae studio pugnae inflammatae, quod periculum non animadverterunt, a milvo captae et devoratae sunt.

Z 2 **Haedus et lupus**

Haedus parvus in tecto horrei stabat et inde lupum multis contumeliis onerabat. At lupus contumeliis minime sollicitatus succlamavit: „Non tu, haede, sed tectum altum me laedit.“

Z 3 **De vulpe et uva**

Fame incitata vulpes alta in vinea uvam appetebat, sed, quamquam summis viribus saliebat, non tetigit. Tum discessit et „nondum matura est“, inquit, „acerbam uvam sumere non cupio“.

18

T **Dē orīgine Rōmānōrum**

(Historiae Rōmānae prīma pars)

1 Post interitum Trōiae Aenēās, ūnus ex prīncipibus Trōiānōrum, profugus cum
nōnnūllīs sociīs per flūctūs errābat et lītora Italiae petēbat. 2 Sed Iūnōnis ob
īram nāvēs Aenēae tempestāte oppressae et dēlētae sunt; ipse cum paucīs sociīs
diū iactātus tandem ōram Libyae attigit; ibī dēfessī cōnsēdērunt.

3 Intereā Venus, Aenēae māter, cūrīs fīliī sollicitāta, Iovem precibus appellā-
vit: 4 „Tū, pater, deōs hominēsque aeternō imperiō regis et fulmine terrēs.
5 Quid Aenēās, fīlius meus, in tē commīsit, quae scelera Trōiānī commīsērunt? 6 Ecce, Trōiānī iam diū per aequora aguntur et ab ōrīs Italiae prohiben-
tur. 7 Quandō labōribus fīnem faciēs, rēx magne?“ 8 Sīc dea dīxit et multīs
cum lacrimīs ab īmō pectore gemuit.

9 Sed pater deōrum hominumque serēnō vultū Venerem aspēxit et „dēpōne
metum“ inquit, „mea fīlia, nam immōtum manet fīliī tuī fātum. 10 Fāta Trōiānōrum ipse tē docēbō et Aenēae ōminibus certīs dēmōnstrābō. 11 Aenēās in
Italiā ā Latīnō rēge excipiētur; fīliam rēgis in mātrimōnium dūcet et Lāvīnium,
patriam novam, condet. 12 Deinde bellum asperum geret, virōs ferōs vincet;
in Latiō rēgnābit mōrēsque et iūra populīs dabit. 13 At Ascanius fīlius fundā-
menta Albae Longae iaciet et rēgnum ā Lāvīniō eō trādūcet. 14 Inter posterōs
Ascaniī Rōmulus erit, quī – mīrō modō ā lupā servātus – genus Latīnum
excipiet, oppidum novum condet et ā suō nōmine Rōmam nōmінābit.

15 Rōma caput mundī erit, nam Rōmānī aequora terrāsque imperiō suō
tenēbunt. 16 Sīc egō prōmīsī, nec mea sententia mūtābitur. 17 Laeta tempora
erunt; tum enim aspera saecula mītēscent et arma dēpōnentur. 18 Pāx aeterna
erit, nam neque magnitūdinī Rōmānōrum neque fāmae terminum statuī."
19 Sīc Vergilius poēta in opere suō praeclārō narrat.

A 1 a) Welche Personen sind anfangs an der Handlung beteiligt (T 1–3)?
b) In welchem Verhältnis stehen diese Personen zueinander? (Beachte noch den Anfang von T 4.)
c) Gib in Stichworten an, in welcher Lage diese Personen sich zu Anfang der Handlung befinden oder welche Haltung sie einnehmen.

A 2 a) Wie unterscheiden sich die Personen, die am Anfang der römischen Geschichte stehen, von geschichtlichen Personen in unserer Vorstellung?
b) Wie beurteilten wohl die Römer den Verlauf ihrer Geschichte, wenn sie solche Personen an deren Anfang stellten?

A 3 Welchen Inhalt wird die Bitte der Venus aufgrund der Ausgangslage haben? Belege deine Vermutungen mit dem Inhalt von T 4–7.

A 4 Welchen Zweck hat die Haltung, die Venus bei ihrer Bitte einnimmt (T 8)?

A 5 Die Ursprungsgeschichte des römischen Volkes wird vom Dichter Vergil erzählt (T 19; vgl. ⓘ 3). Woher kann er die Einzelheiten der Prophezeiung Iuppiters kennen?

A 6 Zeichne jetzt in einem Stammbaum die Verwandtschaftsbeziehungen aller im Stück vorkommenden Personen der römischen Urgeschichte.

A 7 Bestimme folgende Formen mit Hilfe der Satzkonstruktion (Präpositionen, adj. Attribute usw.):
T 6: aequora – T 8: pectore – T 10: ominibus – T 14: genus – T 14: nomine – T 17: tempora – T 19: opere

→ G 1

A 8 Übersetze die Worte Iuppiters auf zwei Arten:
a) Iuppiter sagt die Zukunft voraus.
b) Iuppiter betont, daß das künftige Schicksal des Aeneas und seiner Nachkommen seinem Willen entspringt (vgl. 16 G 4).

ⓘ1 **Troja** (lat. Troia), eine Stadt an der kleinasiatischen Westküste, früher reich und mächtig, war öfter in Kriege mit Völkern des griechischen Westens verwickelt, wurde mehrfach zerstört und wieder aufgebaut. Einer dieser Kriege (der sog. Trojanische Krieg) ist durch die Schilderung des griechischen Dichters Homer besonders bekannt geworden.

ⓘ2 **Venus** (Genetiv Veneris; griech. Name Aphrodite), Iuppiters Tochter, galt in Rom als Göttin der Liebe; sie wurde auch als Stammutter der Iulischen Familie angesehen, weil Aeneas ein Sohn der Venus war; dessen Sohn Iulus (er wurde auch Ascanius genannt) gab dieser Familie den Namen. Auch Caesar gehörte zu dieser Familie (Familienname Iulius).

18

Aeneas trägt seinen gelähmten Vater Anchises aus dem brennenden Troja

ⓘ3 **Aeneas,** ein vornehmer Trojaner, konnte mit knapper Not entrinnen, als seine Heimatstadt von den Griechen erobert und zerstört wurde. **Iuno,** Iuppiters Gemahlin, verfolgte Aeneas voller Haß; er konnte sich nach einem Seesturm zunächst an die Küste Nordafrikas retten (damals **Libya** genannt), fuhr aber dann auf der Suche nach einer neuen Heimat weiter durch das Mittelmeer, bis er endlich nach Latium kam (siehe ⓘ 4). Die Schicksale des Aeneas erzählt der römische Dichter Vergil in einem großen Epos (Titel: „Die Aeneis"); siehe dazu Z 1.

ⓘ4 **Latinus** war der König des Latinervolkes, das in **Latium** wohnte, der mittelitalischen Landschaft, deren spätere Hauptstadt Rom wurde. König Latinus nahm den heimatlosen Flüchtling Aeneas bei sich auf und gab ihm seine Tochter Lavinia zur Frau; nach ihr benannte Aeneas seine neue, von ihm gegründete Stadt **Lavinium.**

ⓘ5 Mit den **Prophezeiungen in 18 T 17–18** knüpft Vergil an sehr alte Sagen an, die von einem Goldenen Zeitalter berichten: Einstmals habe die Menschheit in einem paradiesartigen, friedlichen Glückszustand gelebt; leider habe dieser Idealzustand ein Ende genommen, aber die Sehnsucht nach den „guten, alten Zeiten" ist seitdem geblieben. Vergleiche dazu die Lektionen 11, 13 und 14, besonders 13 T 11–17.
Vielleicht glaubten die Zeitgenossen Vergils wirklich, die römische Weltherrschaft könne einen allgemeinen Weltfrieden und damit ein neues „Goldenes Zeitalter" mit sich bringen. Lies in diesem Zusammenhang auch Z 2 („De pace Augusta") und halte dir dabei vor Augen, daß es uns heute schwerfällt herauszufinden, was an dieser Darstellung nun Wunsch oder Wirklichkeit oder auch politische Propaganda gewesen ist.

ⓘ6 **Augustus,** der bekannte erste römische Kaiser, geb. 63 v. Chr., hieß ursprünglich C. Octavius, war Caesars Großneffe, wurde dann von ihm adoptiert und erkämpfte sich nach dessen Ermordung die politische Nachfolge seines Vaters: ab 31 v. Chr. war er alleiniger Machthaber im Reich, seit 27 Herrscher mit dem Titel princeps und dem Ehrennamen Augustus (= der Erhabene); er lebte und regierte bis 14 n. Chr.

18

ⓘ7 Für die römische Republik war ein **Magistrat** ein Inhaber der Staatsgewalt, in unserem Sinn ein Mitglied der Regierung. Es gab eine festgelegte Ämterlaufbahn mit verteilten Aufgaben: Quästor (Finanzen), Ädil (Innenpolitik und Wirtschaft), Prätor (Recht), Konsul (Regierungs- und Armee-Chef). Der **Senat,** eine beratende Versammlung erfahrener Politiker, hatte großen Einfluß; seine Sitzungen fanden in der **curia** (Rathaus) statt, die Volksversammlungen und Wahlen hingegen in der Öffentlichkeit, auf dem **forum** (Marktplatz).

Ü 1 Um Verwechslungen zu vermeiden, notiere zu den folgenden Vokabeln jeweils die Erkennungsform, also
bei Substantiven den Nominativ Singular (mit Genetiv und Geschlecht),
bei Verben den Infinitiv Präsens Aktiv:
opera, propera, temporis, arboris, moris, litoris, genere, tenere, fulmini, cecidi, ominibus, militibus, scelerum, puerum.

Ü 2 Wir kennen jetzt drei Zeit-Stufen, nämlich:

Vergangenheit	Gegenwart	Zukunft
fuimus vocavit peperit	sumus vocat parit	erimus vocabit pariet
vidisti		
	promitto	
		certabunt
completa est		
	iunguntur	
		dabuntur
statui		
	terres	
		mutabitur
consederunt		
		excipietur

Schreibe die Tabelle ab und ergänze die fehlenden Formen.

Ü 3 Verbinde die passenden Wörter zu sinnvollen Wortblöcken:

1. tempora	a) antiquum
2. sub arbore	b) claro
3. per aetatem	c) certum
4. omen	d) alta
5. mores	e) praeterita
6. per aequora	f) impigris
7. nomina	g) auream
8. in pace	h) nonnulla
9. ius	i) boni
10. in opere	k) lata
11. cum militibus	l) aeterna

18

Ü 4 Achte auf Verwechslungsgefahren besonders dort, wo Substantive und Verben den gleichen (oder auch nur einen ähnlich klingenden) Stamm besitzen:
a) nomina, nomine, nomino, nominas, nomini, nominari, nominis, nominatis, nominabis.
b) caput, capit, capite, capiet, capiti, capita, capta, capitum, captum.

Ü 5 Am Wahltag:
Hodie consules a populo creabuntur et per totum annum rem publicam gubernabunt. Consules saepe senatum convocabunt; senatores bonis consiliis semper consulibus aderunt. Etiam exercitui consules praeerunt et impetus adversariorum arcebunt. Multos labores sustinere debebunt, sed auxilio deorum cuncta bella et pericula a re publica nostra prohibebunt. Semper patriam e periculis servare studebunt.
Nach Ablauf der Amtszeit?
Verwandle diesen lateinischen Text so, als wollten die Konsuln (oder auch nur einer von ihnen) vor der Bürgerschaft ihren üblichen Rechenschaftsbericht ablegen. Also: ,,Wir sind damals vom Volk ..." usw.

Ü 6 Substantive auf -or, -oris sind von Verben abgeleitet und bezeichnen meist einen Zustand oder eine Tätigkeit:
amor = Liebe, abgeleitet von amare (2 W 3).
Wiederhole oder ermittle die Herkunft und Bedeutung folgender Substantive:
clamor, error, terror, timor.

Z 1 De regibus Albanis

Der römische Dichter **Vergil** (Publius Vergilius Maro, 1. Jahrhundert v. Chr.) hat in seinem Helden-Epos ,,Aeneis" die Geschichte Roms von ihren halb sagenhaften Anfängen an ausführlich dargestellt. In einer Szene wird dem Aeneas eine Prophezeiung zuteil, ein Vorausblick auf die künftigen Herrscher, die von der Stadt Alba Longa ausgehen werden.

Nunc age, Dardaniam prolem
expediam dictis et te tua fata docebo:
Ille iuvenis
Silvius (est), Albanum nomen,
unde genus Longā nostrum dominabitur Albā.
Proximus ille Procas, Troianae gloria gentis,
et Capys et Numitor et qui te nomine reddet,
Silvius Aeneas, pariter pietate vel armis
egregius.
Quin et avo comitem sese Mavortius addet
Romulus.
En, huius auspiciis illa incluta Roma
imperium terris, animos aequabit Olympo
septemque unā sibi muro circumdabit arces.

ⓘ8 **Dardanus** war Gründer und Stammvater von Troja; seine Nachkommenschaft ist also diejenige der trojanischen Herrscher. Silvius, Procas, Capys, Numitor, Silvius Aeneas: die Namen der angekündigten Könige.
Mavortius ist ein Sohn des Gottes Mars (der auch Mavors hieß).

18

Gemma Augustea. Verherrlichung eines Sieges, den Augustus errungen hat

Z 2 De pace Augusta

Gaius **Velleius Paterculus,** ein römischer Offizier, diente in der Armee und in der Verwaltung unter den Kaisern Augustus und Tiberius; er schrieb einen Abriß der römischen Geschichte, in dem er sich rückblickend auch über die Regierungszeit des Augustus äußert:

Revocata est in forum fides,
remota est e foro seditio,
          e curia discordia.
Iustitia, aequitas, industria civitati redditae sunt.
Accessit magistratui auctoritas,
        senatui maiestas,
        iudiciis gravitas.
Honorantur recta, prava puniuntur.
Pax Augusta per cunctas terras incolas a metu servat.
Honor dignis hominibus paratus,
poena in malos homines certa.
Recte facere princeps incolas docet,
        nam imperio magnus est,
            exemplo maximus est.

Die Zeilenanordnung dient der besseren Übersicht; es handelt sich nicht um ein Gedicht, sondern um einen Prosa-Text. Du bemerkst aber sicher eine ungewöhnliche Ausdrucksweise.
Versuche zu beschreiben, was an diesem Text ungewöhnlich, vielleicht künstlich oder auch poetisch erscheint.

19 T **Lupus et agnus**

1	Ad rīvum eundem lupus et āgnus vēnērunt sitī magnā compulsī.	Ad rīvum eundem lupus et āgnus vēnērunt, quia sitis eōs compulerat.
2	Superior stābat lupus longēque īnferior āgnus.	Superior stābat lupus longēque īnferior āgnus.
3	Tum latrō improbus spē praedae incitātus āgnum accūsāvit:	Tum latrō improbus, quod spē praedae incitābātur, āgnum accūsāvit:
4	,,Egō hōc locō aquam bibere volēbam; cūr tū mihi aquam turbāvistī?“	,,Cūr tū mihi, dum egō hōc locō aquam bibere volō, aquam turbāvistī?“
5	Āgnus contrā timēns: ,,Rīvum turbāre nōn possum, lupe. Ā tē enim ad mē aqua dēcurrit.“	Āgnus contrā timēns: ,,Rīvum turbāre nōn possum, lupe, quod aqua ā tē dēcurrit ad mē.“
6	Ille vēritāte repulsus āgnum dēnuō accūsāvit: ,,Ante sex mēnsēs male dīxistī mihi.“	Ille, quamquam vēritāte repulsus erat, tamen āgnum dēnuō accūsāvit: ,,Ante sex mēnsēs male dīxistī mihi.“
7	Respondit āgnus: ,,Egō hoc facere nōn potuī, nam tum nōndum nātus eram.“	Respondit āgnus: ,,Egō hoc facere nōn potuī, quod tum nōndum nātus eram.“
8	Ille ,,at pater tuus“, inquit, ,,male dīxit mihi.“	Ille ,,at pater tuus“, inquit, ,,male dīxit mihi.“
9	Et lupus āgnum innocentem corripuit, deinde iniūstā nece lacerāvit; sīc enim anteā iam cōnstituerat.	Et lupus āgnum innocentem, ubī corripuit, iniūstā nece lacerāvit, ut anteā iam cōnstituerat.
10	Ita bēstia famem satiāvit; deinde abscessit.	Bēstia, postquam famem satiāvit, abscessit.
11	Nōn dēsunt hominī potentī argumenta iniūsta adversus īnfirmōs.	Hominī, sī modo potēns est, nōn dēsunt argumenta iniūsta adversus īnfirmōs.

Betrachte zunächst den Text der linken Spalte.

A 1 Schreibe aus dem Text mit Angabe der Satznummer heraus:

a) die Repetitionen der an der Handlung beteiligten Tiere, die auch in der Überschrift genannt sind;

b) die Paraphrasen für die gleichen Tiere;

c) die Pronomina, die als Platzhalter für eines der beiden Tiere stehen (vgl. 6 G 2). Schreibe hinter die Pronomina jeweils in Klammern, für wen das betreffende Pronomen Platzhalter ist.

Was läßt sich aus der Anzahl der Repetitionen, Paraphrasen und Pronomina für die ,,Dichte“, in der beide Tiere an der Handlung beteiligt sind, erschließen? In welchem Teil des Stückes ist nicht von der Begegnung der beiden Tiere die Rede?

19

A 2 Schreibe mit Angabe der Satznummer die satzverknüpfenden Wörter heraus und vermerke jedesmal, ob sie
a) eine Begründung,
b) einen Gegensatz,
c) einen Handlungsfortschritt (Zeitabfolge),
d) eine Erläuterung der Art und Weise angeben.

A 3 Schreibe die im Text vorkommenden Partizipien zusammen mit ihren Beziehungswörtern heraus und versuche eine vorläufige Übersetzung nach der Methode, die du in 13 G 4 gelernt hast.
Vergleiche jetzt beide Texte miteinander.

A 4 Schreibe alle Nebensätze des Textes auf der rechten Seite heraus und bestimme ihre Art.

A 5 Stelle diesen Nebensätzen gegenüber, in welcher Form der gleiche Inhalt im Text auf der linken Seite ausgedrückt wird: Partizip oder Hauptsatz mit entsprechendem Satzverknüpfer?

→ G 1–2

A 6 a) Beschreibe die Bildung der Form compulerat (T 1):
Welcher Stamm?
Welches Tempuszeichen?
Welche Personalendung?
b) Beschreibe die Bildung der Form repulsus erat (T 6); vergleiche dabei die Formen in 13 G 2.

→ G 3–4

ⓘ Diese **Fabel** vom Wolf und dem Lamm ist eine der bekanntesten Fabeln aus der Sammlung des römischen Dichters **Phaedrus** (1. Jahrhundert n. Chr.). Die meisten Fabeln dieser Sammlung sind älteren Ursprungs und griechischer Herkunft: Der älteste uns bekannte Fabeldichter war der Grieche **Aesop** (griech. Aisopos, 6. Jahrhundert v. Chr.).

Ü 1 Verwandle diese kleine deutsche Geschichte so, daß möglichst viele Satzgefüge dabei entstehen:
Die Sonne schien, deshalb gingen wir gemeinsam spazieren. Unterwegs bekamen wir Durst; da tranken wir eine Limonade. Rita hatte kein Geld dabei, ich mußte wieder einmal für sie bezahlen. Ich tue das nicht gern. Ich weiß nicht, ob ich das Geld zurückbekomme. – Ein Gewitter drohte am Himmel; wir eilten uns, wir wollten uns in Sicherheit bringen. Plötzlich begann es schon zu regnen, da flüchteten wir unter ein Dach. Wir froren ein wenig, trotzdem blieben wir dort stehen; schließlich war es dort trocken. Endlich kamen wir heim, da sagte die Mutter: „Es regnet, da geht ihr ausgerechnet spazieren."
Vergleiche deine Neufassung der Geschichte mit der gedruckten. Welche verschiedenen Eindrücke gewinnt man beim Lesen?

19

Ü 2 Ein Sachverhalt läßt sich sowohl als Satzreihe als auch als Satzgefüge darstellen. Vergleiche das angegebene Muster a) und ändere dann selbst die übrigen Beispiele um. Verwende dabei eine der bekannten Konjunktionen (dum, ubi, postquam, quia, quod, quamquam, ut, si).

a)	Bestia famem satiavit; deinde abscessit.	Bestia, postquam famem satiavit, abscessit.
b)	Davus semper parēre debet; servus enim est.	
c)	Hodie pluit; tamen in agris laboratur.	
d)	Recte vivis; nemo te vituperat.	
e)	Naturae paremus; numquam erramus.	

Ü 3 Kombiniere die angegebenen lateinischen Hauptsätze zu Satzgefügen, indem du einen Satz der linken Spalte jeweils zum Hauptsatz, einen der rechten zum Nebensatz machst und eine passende Konjunktion wählst:

a) Te adiuvo.	1. Te non offendi.
b) Ludite mecum!	2. Homines tecum dicunt.
c) Cur me laedis?	3. Periculum est.
d) Liberi nihil timere debent.	4. Periculum non est.
e) Vos advocabo.	5. Me amatis.
f) Securi este!	6. Cena parata erit.
g) Libenter ambulamus.	7. Parentes vivunt.
h) Cum hominibus dicis.	8. Sol lucet.

Ü 4 Übersetze und konjugiere:

a) Laudabar, quod laboraveram.
b) Ubi laborem finiveram, consedi.
c) Quamquam monitus eram, non parui.
d) Feci, ut promiseram.
e) Ubi veneram, vidi; ubi videram, vici.

Ü 5 Sortiere die Tempora und unterscheide dabei Aktiv und Passiv:
anxius fueram – aderam – defenderunt – agunt – videbuntur – promitti – promissum est – flectuntur – venerunt – constitueramus – incitati eramus – statutum erat – afuerat – duxi – deponi – paret – capietur.

Ü 6 Übersetze:

a) Iam saepe vilicus Davum et Stichum monuerat, sed non parebant; etiam hodie non paruerunt. b) Verbis asperis vilicus servos vituperavit, quia non in tempore apparuerant. c) Etiam nunc Stichus neque properavit neque studuit, quamquam antea a vilico vel punitus erat. d) Vilicus, ubi servos tam pigros esse viderat, domino nomina renuntiavit. e) Vilicus anxius erat, nam dominus vilicum iam antea rationem laborum actorum reddere coegerat.

Ü 7 Zeichne die Satzbilder zu den Sätzen T 1, T 3 und T 6 (links und rechts).

Z 1 Vulpes et corvus

Corvus aliquando in arbore alta sedebat et caseum opimum de fenestra raptum rostro tenebat. Caseum procul vidit vulpes et fame incitata propius accessit, deinde sic dixit: „O corve, quantus est nitor pennarum tuarum! Quantum est decus corporis tui! Estne tibi vox quoque clara? Tum enim a cunctis avibus rex nominaberis."
At ille stultus, dum vocem suam ostendere studet, rostrum aperuit et caseum emisit, quem vulpes dolosa cito rapuit. Tum demum corvus deceptus ingemuit.
Si blanditiis dolosis gaudebis, plerumque poenas dabis.

Z 2 De vitiis hominum

Peras imposuit Iuppiter nobis duas:
Propriis repletam vitiis post tergum dedit,
alienis ante pectus suspendit gravem.
Hac re videre nostra mala non possumus;
alii simul delinquunt, censores sumus.

20 T **Dē Thēseō**
(Historiae Graecae altera pars)

1 Dē certāmine, quō Athēna Neptūnum superāvit et ab incolīs oppidī novī
patrōna appellāta est, iam suprā scrīptum est. 2 Initiō Attica ā rēgibus tenēbā-
tur, quōrum nōmina ē carminibus et historiīs nōta sunt: Cecrops, Erechtheus,
Pandiōn, dēnique Aegeus. 3 Cuius fīlius Thēseus post alia clāra facta patriam
suam ē servitūte līberāvit. 4 Mīnōs enim, Crētae rēx, quī imperium suum
ūsque ad Graeciam atque nōnnūllās īnsulās prōpāgāverat, incolīs Atticae
tribūtum imposuerat, quod vix tolerārī poterat: 5 Septem virginēs et septem
iuvenēs, quōs incolae quotannīs in Crētam mittere dēbēbant, ibī ā rēge mōnstrō
saevō prōiciēbantur, cui nōmen erat Mīnōtaurus; 6 quem Thēseus interfēcit
sēque et comitēs suōs servāvit.
7 Post reditum rēx Atticae factus Thēseus hominēs, quī adhūc in vīcīs et aedifi-
ciīs rūsticīs habitābant, in ūnam cīvitātem coēgit incolīsque ūnum cōnsilium
dedit. 8 Anteā enim aliī in aliīs locīs cōnsēderant neque vīcīnōs adiuvābant
nisī in perīculīs. 9 Tunc autem cōnsilia commūnicāvērunt armaque inter sē
cōnsociāvērunt et Athēnās caput Atticae fēcērunt. 10 Cuius factī memoriam
incolae semper in honōrem Athēnae deae publicē celebrābant, ut Thūcȳdidēs
auctor in librō narrat, quem dē bellō Peloponnēsiacō scrīpsit.
11 Ultimum rēgem Atticae Codrum fuisse fāma est, cuius morte voluntāriā
victoria dē Lacedaemoniīs parta et patria servāta est. 12 Post Codrī mortem
incolae rēgnum sustulērunt et magistrātūs creāvērunt, quī cīvitātem secundum
lēgēs īnstitūtaque patrum administrābant.

A 1 a) Zu welchem Text des Buches ist der vorliegende die Fortsetzung?
b) Gib in Stichworten eine kurze Inhaltsangabe des früheren Textes.
c) Welche Namen und Substantive in T 1 schaffen die Verbindung zu dem früheren Text?

A 2 a) Übersetze T 1–2 ohne die durch Kommata abgetrennten Nebensätze. Ergeben sich grammatisch sinnvolle Sätze? Ergibt sich ein sinnvoller Textzusammenhang? Begründe deine Entscheidungen.
b) Übersetze nun die in T 1–2 enthaltenen Nebensätze – noch ohne die Einleitungswörter! – und gib an, welche Wörter in den Hauptsätzen durch sie eine nähere Bestimmung erfahren.

→ G 1

A 3 Leitet das Wort cuius (T 3) ebenfalls wie vorher quo und quorum einen Nebensatz ein? Für welches Wort steht cuius als Platzhalter?

→ G 2

A 4 Welche beiden Leistungen des Theseus erwiesen sich für Attika als besonders segensreich und werden deshalb ausführlich erzählt?

A 5 Gib zu allen im Text vorkommenden Relativsätzen und den Sätzen mit relativischem Anschluß an,

a) welches das Beziehungswort ist (Achtung bei T 10!) mit Numerus und Genus des Beziehungswortes,

b) welchen Satzteil das Relativpronomen einnimmt mit dem Kasus des jeweiligen Satzteils.

→ G 3–5

A 6 Stelle eine Liste aller attischen Könige auf.

→ G 6

ⓘ1 Daß **Athen** eine alte Stadt war und daß wenigstens der Burgberg (die sog. Akropolis) schon sehr früh besiedelt war, spiegelt sich in den sagenhaften Erzählungen von zahlreichen heldenhaften Königen. Ziemlich am Ende der Sagenreihe steht **Theseus,** Sohn des Königs **Aegeus** (nach dem das Ägäische Meer benannt ist); er gilt als Gründer Athens, da er den Zusammenschluß mehrerer vorher getrennter Gemeinden Attikas veranlaßt hat.

ⓘ2 **Minos,** sagenhafter König der Insel Kreta und zeitweilig auch eines größeren Herrschaftsbereiches; innerhalb seines Palastes in einem Labyrinth lebte der **Minotaurus,** ein Ungeheuer, halb Stier-, halb Menschengestalt. Die Königstochter **Ariadne** (lat. Ariadna) half Theseus, aus dem Labyrinth herauszufinden.

ⓘ3 **Thucydides** (griech. Thukydides) war ein berühmter griechischer Geschichtsschreiber; er hat eine wichtige Epoche der griechischen Geschichte, den **Peloponnesischen Krieg,** in seinem einzigen großen Werk dargestellt; damals kämpften die beiden Führungsmächte Griechenlands, Athen und Sparta, in einem erbitterten, nahezu 30 Jahre währenden Krieg um die Vormacht im griechischen Raum. Athen war der Hauptort der Landschaft Attika (vgl. 12 T), während Sparta die wichtigste Stadt der **Lazedämonier** war (die man auch kürzer als **Spartaner** bezeichnet).

X Ü 1 Ergänze das passende Relativpronomen:

a) Incolae, ... Minerva adiuverat, deae semper grati erant.
b) Pater portam, per ... intraveramus, clausit.
c) Verbis, ... dixisti, non delector.
d) Verba, ... me delectavisti, libenter audio.
e) Incolae Minervae, ... auxilio servati erant, gratias egerunt.
f) Familia, ... nos visitavit, longe a vico nostro habitat.
g) Familia, ... visitavimus, non longe a vico nostro habitat.

1. Gib an, zu welchem Substantiv des Hauptsatzes der Relativ-Nebensatz jeweils Attribut ist.
2. Bilde aus jedem Satz zwei Hauptsätze, indem du für das Relativpronomen das Substantiv einsetzt, dessen Platzhalter das Pronomen ist.
3. Zeichne die Satzbilder.

20

Theseus tötet den Minotaurus

Ü 2 Setze ein passendes Relativpronomen ein, um die auf der rechten Seite stehenden Sätze als Relativ-Nebensätze an den Hauptsatz anzubinden.

a)
Magister nobis de Ulixe narravit.

- (Ulixes) cum ceteris Graecis diu Troiam oppugnabat.
- (Ulixis) ingenio et dolo Troia denique expugnata est.
- (Ulixi) pauci servi in Ithaca relicti fidem servabant.
- (Ulixem) ceteri Graeci saepe in periculo consulebant.
- (Ab Ulixe) reges Graecorum semper consiliis adiuvabantur.

Ulixes, -is = (griech.) Odysseus: König der griechischen Insel Ithaka, Teilnehmer am sagenumwobenen Trojanischen Krieg.

b)
Multa iam audivimus de fortuna Troianorum.

– Troianis Hector, notus filius regis, praefuit.
– Cum Troianis Graeci bellum longum gesserunt.
– Troianorum muros Graeci frustra conscendere studebant.
– Troiani decem annos exercitui Graecorum repugnabant.
– Troianos Graeci non pugna, sed dolo superaverunt.

Ü 3 Verwandle das Partizip lateinisch jeweils in einen Relativ-Nebensatz:

a) Spectavimus imagines in atrio collocatas.
b) Tenete memoria fabulam ab avia narratam!
c) Incolae tecta tempestate deleta reparaverunt.
d) Theseus sociis Minotaurum in labyrintho interfectum monstravit.
e) Theseus aliique socii in Cretam missi auxilio Ariadnae servati sunt.

Vergleiche dazu 13 G 4.

Ü 4 Relativpronomen = adjektivisches Interrogativpronomen! Übersetze und beantworte lateinisch:

a) 1. Quem quaeris? 2. Quem servum dominus quaerit?
b) 1. Quis quaeritur? 2. Qui servus a domino quaeritur?
c) Quo loco Davus hodie laborat?
d) Quos agros servi hodie arant?
e) Qua via Stichus in oppidum properat?
f) Quo tempore Stichus remeabit?
g) Quibus instrumentis tectum reparabitur?

Ü 5 Füge das passende Fragepronomen ein:

a) De ... bello Thucydides librum scripsit?
b) A ... poeta fabulae scriptae sunt, quas legistis?
c) Cum ... deo Minerva certamen de novo oppido habuit?
d) ... deam incolae Atticae patronam fecerunt?
e) In ... libro Homerus de Ulixe narrat?
f) ... consilio Ulixes Graecos contra Troianos adiuvit?
g) ... tributum Minos rex Graecis imposuit?
h) ... armis milites Romani instructi erant?

Ü 6 Übersetze:

a) Minervam in certamine Neptunum superavisse iam antea scriptum est. b) Neptunum victoria Minervae primum laesum, tum autem placatum esse antea quoque demonstratum est. c) Minervam incolas Atticae ad vitam humanam educavisse nobis notum est. d) Theseum incolas Atticae in unam civitatem coegisse a poetis et ab auctoribus traditum est. e) Cuius facti memoriam ab incolis diu servatam esse a Thucydide auctore commemoratum est.

Welchen Satzteil vertritt der AcI in diesen Sätzen?
Lies dazu G 4 und zeichne zur Verdeutlichung die Satzbilder.

Ü 7 Zu welchen lateinischen Vokabeln gehören folgende Wörter? Welche Bedeutung haben sie heute (17–20 W)?

Kontinent	Original	Depositen	Ration, rational
Appell	fatal	Aspekt	Honorar
Institution	demonstrieren	Geste	zelebrieren
Requisiten	Moral	Statut	Institut
Konsistenz	Jura	temporär	Fabel
Ordinal-Zahl	Kapital	imponieren	Klausur
Advent	Kapitel	Konstitution	Projekt
Port (Said)	Petition	Potenz	Abszeß

20 Z **Aliae sententiae (II)**

1. Nomen est omen.
2. Manus manum lavat.
3. *Cicero (Marcus Tullius C., Politiker und Schriftsteller, 106–43 v. Chr.) hielt im Jahre 57 eine Rede für die Freigabe seines beschlagnahmten Hauses:* Pro domo.
4. *Ein sog. Paradox, von Cicero als älteres Sprichwort bezeichnet:* Summum ius, summa iniuria.
5. Principiis obsta, sero medicina paratur!
6. *Lateinische Fassung eines Wortes von Hippokrates von Kos (etwa 460 – 370 v. Chr.), dem berühmtesten griechischen Mediziner:*
   Quae medicamenta non sanant, ferrum sanat,
   quae ferrum non sanat, ignis sanat.
7. Quae nocent, docent.
8. Bonus vir semper tiro.
9. Eventus est magister stultorum.
10. Beatus ille, qui procul negotiis.
    Anfang eines Gedichtes von Horaz (Quintus Horatius Flaccus, 65–8 v. Chr.).
11. Bis dat, qui cito dat.
12. Quod licet Iovi, non licet bovi.
13. *Pontius Pilatus sagte zu den Juden nach der Kreuzigung:* Quod scripsi, scripsi. *(Er meinte damit den Wortlaut der Inschrift auf dem Kreuz:* Iesus Nazarenus, rex Iudaeorum.*)*
14. Hoc signo vinces. *Ein Kreuz mit dieser Umschrift (allerdings griechisch) erschien dem Kaiser Constantinus 312 an der Milvischen Brücke bei Rom; er gewann daraufhin die Schlacht.*
15. *Caesars Nachricht nach einem schnell errungenen Sieg im Jahre 47 v. Chr. bei Zela:*

Romulus und Remus

T **Dē Rōmulō et Remō**
(Historiae Rōmānae altera pars)

1 Initium cūnctārum rērum, imprīmīs magnārum, arduum est; orīgō imperiī
Rōmānī autem fātō dēbēbātur et ob eam causam ā deīs sublevābātur.
2 Postquam Etrūscī, advenīs inimīcī, proeliō victī sunt, rēs Latînae crēvērunt. 3 Nam pāx fidēsque inter Etrūscōs et Latīnōs erant, quia Tiberis duōbus
populīs terminus erat. 4 Vīcīnī populī nē post mortem Aenēae quidem arma
mōvērunt. 5 Rēgnum tūtō trādēbātur ā patre in fīlium, ā fīliō in nepōtem.
6 Proca deinde rēgnābat; is Numitōrem atque Amūlium genuit; Numitōrī, quī
fīlius māior erat, rēgnum mandāvit.
7 Plūs tamen vīs quam voluntās patris aut verēcundia aetātis potuit: Amūlius
frātrem pepulit et fīliōs eius interfēcit. 8 Ream Silviam, fīliam eius, sacerdō-
tem Vestae fēcit et eō modō spem līberōrum eī adēmit; Vestālibus enim nūbere
nefās erat. 9 Rea Silvia tamen geminōs peperit et dē patre eōrum interrogāta
Martem, deum bellōrum, nōmināvit. 10 At neque deī neque hominēs, ut ad
tempus quidem vidēbātur, aut mātrem ipsam aut geminōs ā perniciē atque ā
crūdēlitāte Amūliī vindicāvērunt: 11 Māter vincta in custōdiam data est,
puerōs in aquam Tiberis mittī rēx iussit.

21

12 Forte illīs diēbus id flūmen aquīs hībernīs augēbātur et tōtam plānitiem
inundābat; sīc famulī ad iūstī flūminis cursum accēdere nōn poterant. 13 Itaque famulī īnfantēs miserōs in proximā alluviē exposuērunt, ubī nunc fīcus alta
est; vāstae illō tempore sōlitūdinēs in eīs locīs erant. 14 Fāma est lupam sitī
incitātam ex eīs montibus, quī circā sunt, ad puerōrum clāmōrem cursum flexis-
se, īnfantibus mammās praebuisse, eōs linguā lambisse. 15 Geminōs eō modō
servātōs et nūtrītōs Faustulus, magister rēgiī pecoris, invēnit, sēcum ad stabula
portāvit, Larentiae uxōrī dedit; illa inventōs ēducābat. 16 Sīc Martem deum
fīliōs mīrō modō servāvisse Rōmānī scrīptōres narrant.

A 1 In welchem Text kam eine der in der Überschrift genannten Personen schon vor? In welcher Beziehung stand sie dort zu anderen Personen?

A 2 Worin liegt nach der Aussage in T 1 die Besonderheit des Anfangs der römischen Geschichte im Gegensatz zu den Anfängen anderer Dinge?
Nenne die in diesem Satz vorkommende Paraphrase für initium.

A 3 Was ist mit ob eam causam gemeint? Schreibe das entsprechende Textstück lateinisch heraus.

→ G 1

A 4 Beschreibe in wenigen Stichworten die politischen Verhältnisse, unter denen die Nachkommen des Aeneas bis zur Herrschaft des Numitor lebten (T 2–6). Nenne einige lateinische Wörter aus diesem Textabschnitt, die dein Urteil bestätigen.

A 5 Bestimme die Formen rerum (T 1), res (T 2) und fides (T 3); adjektivische Attribute, gleichgeordnete Substantive und der Satzbau können dir entscheidende Hilfen geben.

→ G 2

A 6 Im dritten Absatz des Textes (T 7–11) werden vis auf der einen und voluntas patris sowie verecundia aetatis auf der anderen Seite miteinander verglichen. Ordne den Begriffen vis, voluntas patris und verecundia aetatis Handlungen aus den Sätzen T 6–11 zu, die diese Bezeichnungen verdienen. Gibt es zu allen drei Begriffen ,,Belege"?

A 7 Schreibe aus T 6–11 alle Formen von is, ea, id heraus (in Klammern dahinter, ob adjektivische – dann mit Beziehungswort – oder substantivische Verwendung) und ordne jedesmal mit Pfeil das Wort oder die Aussage zu, für die is, ea, id Platzhalter ist.
Beispiel: (T 12) id flumen (adj.) → Tiberis (T 11).

→ G 3

A 8 Erstelle einen Stammbaum der Personen des Stückes, soweit sie miteinander verwandt sind. Verknüpfe ihn mit dem Stammbaum aus 18 A 6. Mache dabei deutlich, daß zwischen Ascanius und Proca einige Generationen liegen.

A 9 Erfinde eine deutsche Überschrift zu dem letzten Absatz (T 12–16) des Textes. Die römischen Dichter und Geschichtsschreiber führen die Ereignisse, die in T 12–16 geschildert werden, auf das Eingreifen des Gottes Mars zurück. Wie mußte dies aber den Menschen der damaligen Zeit erscheinen? Welches Wort im Text deutet darauf hin?

A 10 Kennst du einen Fall aus der Geschichte eines anderen Volkes, der dem Schicksal des Romulus und Remus sehr ähnlich ist?

→ G 4–5

ⓘ1 Die **Etrusker** (lat. Etrusci) wohnten in dem heute Toscana genannten Teil Oberitaliens und waren ein mächtiges Nachbarvolk von Latium; die Römer haben während ihrer Aufstiegszeit oft mit ihnen gekämpft, aber auch viel von ihnen gelernt und übernommen. – Hauptfluß der Etrusker und zeitweise Grenzfluß nach Latium war der **Tiber** (lat. Tiberis), an dessen Ufer auch die Stadt Rom liegt.

ⓘ2 Der Gott **Mars** war für die Römer der Gott der Kriege und, weil er als Vater der Zwillinge Romulus und Remus galt, für alle Römer auch eine Art Nationalpatron und Schützer der Gemeinde. Der Monat März heißt nach ihm: Im Frühjahr beginnt das Wachstum in der Natur, begannen früher aber auch die Kriegszüge nach der Winterpause. Mars' heiliges Tier war die Wölfin, deren bekanntes Bronzebild in Rom aufbewahrt wird.

ⓘ3 **Vesta** war für die Römer die Schutzgöttin des Herdfeuers und des häuslichen Herdes. In ihrem Tempel auf dem Forum brannte ständig ein Feuer, das von den Vestalinnen (lat. **Vestales**) versorgt wurde; diese lebten dort unverheiratet wie in einem Kloster.

Mars

21

Ü 1 Übersetze:

a) Non modo in rebus secundis, sed etiam in adversis rebus aequum animum servare memento! Sic enim Horatius poeta in carmine noto docet.

b) Concordiam et fidem exercere et in familia et in re publica hominibus usui est.

c) Diebus et profestis et sacris Horatius poeta sub vesperum cum tota familia deos adorare solebat, tum autem inter dona Bacchi canere de virtutibus ducum antiquorum et de Troia et Aenea.

Ü 2 Übersetze:

Res gestae divi Augusti, quibus orbem terrarum imperio populi Romani subiecit, et impensae, quas in rem publicam populumque Romanum fecit.

Titel eines umfangreichen Berichtes, den der Kaiser Augustus selbst verfaßt hat.

Ü 3 Ergänze jeweils eine richtige Form des neuen Demonstrativpronomens (vgl. das Muster!):

a) ob eam causam
b) post ... regem
c) cum ... sociis
d) propter ... bellum
e) sine ... labore
f) ex ... pernicie
g) sub ... arbore
h) pro ... infantibus
i) ante ... tempora
k) per ... planitiem

Wiederhole die Aufgabe, indem du das Pronomen ille, illa, illud verwendest.

Ü 4 Stelle die richtige Dreier-Kombination so zusammen, daß sich ein sinnvoller Wortblock ergibt:

1. id	1. arbores	1. ignota
2. ei	2. cibi	2. miro
3. is	3. modo	3. altae
4. ea	4. rex	4. mali
5. ea	5. terra	5. alti
6. ei	6. opus	6. nova
7. eo	7. navigia	7. magnum
8. eae	8. montes	8. clarus

Man kann die Lösung sogar ganz einfach in Zahlen ausdrücken. Zum Beispiel so: 3–4–8.

Ü 5 Das neue Demonstrativpronomen wird in einem lateinischen Satzgefüge oft mit einem Relativpronomen kombiniert, zum Beispiel in T 14: ... ex eis montibus, qui circa sunt, ... Erfinde ein deutsches Satzgefüge, das um die vorhandene Wortgruppe herumgelegt werden kann:

a) ... cum eis militibus, qui ...
b) ... contra eos milites, quorum ...
c) ... pro eis infantibus, quos ...
d) ... in ea planitie, per quam ...

Z 1 **Saeptum**

Fuit saeptum ex asserculis,
per spatia vides oculis.

Sed faber, qui conspexerat,
repente vesperi aderat.

Exemit saepto spatium,
quo construxit palatium.

Asserculique stulti stant,
quod spatia non circumdant.

Adspectūs huius pertaedet,
quā rē senatus demovet.

Effūgit autem faber clam
in Afri- aut Americam.

Das Original zu dieser Übersetzung (mit dem Titel „Der Lattenzaun") gehört zu den Galgenliedern von Christian Morgenstern (1871–1914); die lateinische Nachdichtung von Peter Wiesmann (aus dem Jahre 1965) zeigt, daß die lateinische Sprache auch zu allerlei geistreichen Scherzen geeignet ist (aus: Wiesmann, „Morgenstern. Das Mondschaf". Reihe ‚lebendige Antike'. Artemis, Zürich).

Daß man in dieser Sprache auch heute noch dichten kann, mag das folgende Beispiel zeigen: Eine Grabinschrift aus dem Jahre 1959, verfaßt von Josef Eberle (aus: „Laudes". Rainer Wunderlich, Tübingen).

Z 2 **Tumulo canis meae**

Athen, Ansicht der Akropolis von Südwesten mit den Bauten des 5. Jahrhunderts v. Chr.

22 T **Dē urbe Athēniēnsium**
(Historiae Graecae tertia pars)

1 Post Codrī rēgis mortem cōnsiliō Athēniēnsium ūnanimō rēgnum sublātum
esse iam suprā dēmōnstrātum est. 2 Per nōnnūlla saecula dē optimō reī pūblicae statū vehementer certātum est inter dīvitēs et pauperēs, imprīmīs inter
nōbilitātem et hominēs originis obscūrae. 3 Id diuturnum certāmen vī atque
opibus gentium vetustārum fīnītum est; quārum auctōritāte et prūdentiā rēs
pūblica nōn modo cōnservābātur, sed etiam augēbātur.
4 Posteā auctōritāte optimātium in superbiam dominātiōnemque conversā
(= postquam auctōritās ... conversa est,) cīvēs eum mōrem mūtāvērunt et eam
rem pūblicam īnstituērunt, in quā populī potestās summa est; illīc lībertātem
quasi domicilium habēre Athēniēnsibus persuāsum erat. 5 Cīvitāte populārī
īnstitūtā Athēnae cīvibus, mōribus, fīnibus auctae sunt: 6 Ā multīs hominibus
urbs colēbātur, super cuius tēcta arx fīrma ēminēbat; in aliō colle iūdicia exer-
cēbantur, in aliō contiōnēs cīvium habēbantur; certīs mēnsibus in templīs diēs
fēstī agēbantur. 7 Ille reī pūblicae status complūribus temporibus interrumpē-
bātur, cum dominī, quōs Graecī tyrannōs vocant, cīvitātem vī atque arbitriō suō
regēbant; quibus interfectīs aut ēiectīs populus lībertātem restituit.

8 Per plūs quam duō saecula urbs Athēniēnsium operibus et artificiīs aucta est; 22
fīnibus prōpāgātīs etiam fāma et auctōritās crēvērunt. 9 Quīntō saeculō
Darīus, Persārum rēx, magnō exercitū nāvibus impositō impetum in urbem
fēcit, sed Athēniēnsēs magnā cum fortitūdine hostēs reppulērunt. 10 Illā clāde
apud Marathōnem acceptā Darīum rēgem, quī dē mente ac animō Athēniēnsium quaerēbat, Dēmarātus, hospēs Graecus, dē vīribus et fortitūdine
populī līberī docuit.

11 Themistoclēs, ūnus ex prīncipibus Athēniēnsium, timōre impetūs Persārum
renovātī commōtus cīvibus suīs novum cōnsilium prōposuit: 12 „Persae per
mare redībunt et urbem nostram iterum petent. 13 Repūgnāre nōn poterimus,
nisī nōs quoque classem habēbimus. Nāvēs aedificārī et classem īnstituī necesse
est.“ 14 Quibus verbīs audītīs cīvēs impēnsā pūblicā multā nāvēs longās
aedificārī et portum exstruī et rēs nauticās colī iussērunt.

A 1 Betrachte zunächst den ersten Absatz des Textes.
a) An welchem Punkt der griechischen Geschichte setzt der vorliegende Teil ein? Gib die Antwort mit den lateinischen Worten des Textes.
b) Welcher Abschnitt der athenischen Geschichte war gerade zu Ende?
c) Mit welchen Worten ist die Dauer der jetzt folgenden Epoche der athenischen Geschichte angegeben?

A 2 Von welchen Problemen war diese Epoche der athenischen Geschichte bestimmt? Nenne die an der Auseinandersetzung beteiligten Gruppen mit allen in diesem Absatz vorkommenden Paraphrasen.

A 3 Bestimme mit Hilfe der Kongruenzregeln die Form gentium (T 3); vergleiche ferner die Wortausgänge der Formen cives (T 4) und civium (T 6) mit den Wortausgängen des Nominativs und Genetivs Plural der konsonantischen Deklination.

→ G 1

A 4 a) Nenne im Hinblick auf T 4 Grund und Art des Wandels im athenischen Staat.
b) Welche Abfolge der Staatsformen läßt sich für Athen jetzt aufstellen? Nenne die lateinischen Bezeichnungen, die für diese Staatsformen im Text verwendet werden.

A 5 Stelle die im Text genannten Gründe für einen Wechsel in der Staatsform zusammen.

A 6 Zähle die Einzelheiten auf, die zur inneren und äußeren Entwicklung Athens im Text genannt sind.

A 7 a) Schreibe aus T 4–7 die vorkommenden Partizipien zusammen mit ihren Beziehungswörtern heraus.
b) Gib dazu jedesmal mit eigenen Worten in einem Satz den Inhalt der Handlung an, die durch das Partizip ausgedrückt wird.
c) In welchem Zeitverhältnis steht jedesmal die Handlung des Partizips zu der Handlung des Prädikats?

→ G 2–4

A 8 Wie lange dauerte die im zweiten Absatz geschilderte Epoche der athenischen Geschichte? Nenne den lateinischen Ausdruck für diese Zeitdauer.

22

A 9 a) Wann und von wem kam eine entscheidende Bedrohung für den Bestand des athenischen Staates?

b) Wer war die führende Persönlichkeit auf seiten der Athener, und worin sah sie die Möglichkeit, die Bedrohung abzuwehren?

c) Wenn du den Inhalt des novum consilium (T 11–13) gelesen hast, müßtest du auch sagen können, worin die frühere Kriegstaktik der Athener bestand.

→ G 5

Darius I.

ⓘ1 **Darius** (griech. Dareios), der Großkönig der **Perser**, regierte von 522 bis 485 v. Chr. und verwaltete das Riesenreich mit großem Organisationsgeschick. Er versuchte auch, das Reich noch zu vergrößern, und ließ einen Feldzug gegen Griechenland unternehmen, der bei Marathon scheiterte. – An Darius' Königshof lebte **Demaratus**, ein Spartaner, der ehemals in seiner Heimat bei den Lazedämoniern König war, später aber im Exil in Persien weilte.

ⓘ2 **Themistocles** (griech. Themistokles), ein führender Politiker in Athen, spielte eine wichtige Rolle vor und in den Perserkriegen (also zwischen 490 und 479 v. Chr.), weil er mit Weitsicht den Aufbau einer athenischen Flotte durchsetzte; mit deren Hilfe konnten sich die Griechen in diesem gefährlichen Krieg erfolgreich verteidigen.

ⓘ3 **Marathon** ist ein Dorf an der Ost-Küste Attikas; dort landeten 490 v. Chr. die Perser, um Athen direkt anzugreifen, wurden aber von den heldenhaft kämpfenden Athenern besiegt.

Ü 1 Sortiere die folgenden Substantive nach Deklinationen (a-, o-, u-, e-, kons., i- oder Mischdeklination):
fluctus, pectus, vilicus, scelus, virtus, dies, clades, pes, nomen, homo, fortitudo, ius, flos, vox, lex, dux, arx, ars, pars, navis, vis, aetas, tempestas, labor, arbor.

Ü 2 Lies nochmals 11 G 5 und ordne die folgenden Substantive nach der dort beschriebenen Einteilung: 22

a) Stammauslaut -l
b) Stammauslaut -n
c) Stammauslaut -r
d) Stammauslaut -s
e) Dental als Stammauslaut
f) Guttural als Stammauslaut
g) Labial als Stammauslaut

ordo, vox, laus, ius, frater, consul, virgo, rex, origo, fraus, pes, mos, pater, lux.

Ü 3 Suche aus den folgenden Substantiven diejenigen heraus, die (nach G 1 b) im Nominativ Singular und im Genetiv Singular die gleiche Silbenzahl haben:
collis, miles, clades, hostis, eques, pedes, classis, comes, mensis, iudex, civis, limes.

Ü 4 Unterscheide genau diese beiden Substantive:
vis, virum, virium, viri, vi, vires, viros, viro, vim, vir.

Ü 5 Beispiele zum Deklinieren:

a) homo et leo
b) ordo et lex
c) mos et ius
d) rex et iudex
e) urbs et litus
f) flumen et mons
g) caput et pectus
h) origo et mors
i) civis et civitas
k) ver et aestas

Ü 6 Verbinde die richtigen Wortpaare:

1. nubes	a) aurei
2. limes	b) vestris
3. montes	c) atra
4. in parte	d) alto
5. naves	e) longinquum
6. pro parentibus	f) firmus
7. in mari	g) longae
8. usque ad finem	h) primam
9. post cladem	i) nostra

Ü 7 Vergleiche T 4 in den beiden Textfassungen:

Postea auctoritate optimatium in dominationem conversā ...	Postquam auctoritas optimatium in dominationem conversa est, ...

Stelle nun auch den anderen Partizipialkonstruktionen die entsprechenden Nebensätze gegenüber:

T 5: Civitate populari institutā ...	Postquam ...
T 8: Finibus propagatis ...	Postquam ...
T 9: Magno exercitu navibus imposito ...	Postquam ...

Ü 8 Prüfe wiederum bei T 4 das *gedankliche Verhältnis* zwischen Haupt- und Nebenhandlung.
1. Möglichkeit: Wann haben die Bürger die Verfassung geändert?
2. Möglichkeit: Warum haben die Bürger die Verfassung geändert?
Die erste Frage zielt auf die *Zeit*: Nachdem (als, sobald) die Autorität sich gewandelt hatte, ...
Die zweite Frage zielt auf den *Grund*: Weil (da) die Autorität sich gewandelt hatte, ...
Die jeweils zutreffende(n) Lösung(en) findet man nur aus dem Kontext. Überprüfe nun auch die Partizipien in T 5, T 8, T 9 und T 14 und stelle fest, ob in diesen Sätzen
1. temporales oder/und
2. kausales Verhältnis vorliegt.

Ü 9 Vergleiche G 3 und übersetze jeweils auf drei Arten, nämlich mit
1. adverbialem Nebensatz (Unterordnung),
2. einem neuen Hauptsatz (Beiordnung),
3. einem Substantiv mit Präposition (adv. Bestimmung):

a) Etruscis proelio victis res Latinae creverunt.
b) Matre vinctā et in custodiam datā rex pueros in aquam Tiberis mitti iussit.
c) Aquis Tiberis forte tum auctis tota planities inundata erat.
d) Pueris miseris in alluvie expositis famuli regis domum properaverunt.

1. Achte zunächst darauf, daß das Zeitverhältnis genau wiedergegeben wird (z.B. in der Beiordnung durch geeignete Konnektoren wie: dann, darauf, deshalb).
2. Vergleiche die drei Übersetzungsmöglichkeiten auf ihre Vorteile hin, z.B. Genauigkeit, Kürze.
3. Zeichne die Satzbilder zu a)–d).

Z 1 De Codri regis morte

Anno octogesimo post Troiam captam Athenae sub regibus esse desierunt; quorum ultimus fuit Codrus, vir laude dignus. Athenienses a Lacedaemoniis bello periculoso pressi Apollinem Delphicum consuluerunt. Qui eis respondit: „Ii superabunt, quorum dux ab hostibus occidetur.“

Codrus, ubi haec cognoverat, veste sua deposita pastoris cultum induit castraque hostium introiit et, dum controversiam provocat, ab adversario interfectus est. Codro igitur gloria aeterna, Atheniensibus victoria data est.

Wenn du die Zeitangabe überprüfst, wirst du bemerken, daß der Schriftsteller Velleius Paterculus (vgl. 18 Z 2) hier einem Irrtum zum Opfer gefallen ist. Eine genaue Klärung des Sachverhalts gelingt aber heute nicht mehr: Die Mischung aus Wahrheit und Dichtung macht das unmöglich.

Z 2 Responsum Laconicum

Lacedaemonii ad Thermopylas in itinere angusto, quod inter montem et mare erat, dispositi ibi Persas exspectabant, cum unus ex Persis prodiit et Graecos provocabat: „Si sagittas nostras in vos mittemus, solem prae multitudine sagittarum non videbitis.“ Respondit autem unus ex Lacedaemoniis: „In umbra igitur pugnabimus.“

Laconicus, -a, -um: lakonisch, d.h. aus der Landschaft Lakonien; deren Einwohner, die Lakonier, nennt man auch Lazedämonier oder kürzer nach ihrer Hauptstadt Spartaner.
Jetzt kannst du sicher sagen, was eine lakonische Sprechweise ist.

ⓘ4 **Apollo** (griech. Apollon), auch ein Sohn Iuppiters, Zwillingsbruder der Diana, galt bei den Griechen als Gott der Wissenschaften und der Künste. Er war auch der Anführer der neun **Musen**, die als Beschützerinnen und Patroninnen der einzelnen Künste verehrt wurden. Apollo war der Patron des berühmten Orakels in der griechischen Stadt **Delphi**; dort holten sich die Griechen, aber auch Abgesandte vieler anderer Völker, gern Rat.

ⓘ5 Die **Thermopylen** (auch im Lat. Plural: Thermopylae, -arum), eine Enge zwischen Meer und Gebirge in Mittel-Griechenland, bilden eine strategisch wichtige Stelle: Dort versuchten im Jahre 480 v. Chr. die Griechen, das herannahende Herr der Perser aufzuhalten. Dessen Führer war der Großkönig **Xerxes**, der Sohn des König Darius.

T Dē Numitōre servātō

(Historiae Rōmānae tertia pars)

23

1 Rōmulum et Remum, parvōs puerōs, in Tiberī flūmine expositōs, sed mox ā morte miserā servātōs esse satis nōtum est. 2 Inde Martem, deum bellōrum, fīliōs suōs servāvisse omnibus Rōmānīs crēdibile et manifestum erat. 3 Faustulus pāstor, quī puerōs invēnerat, eōs ēducāvit et eīs, dum aetātem puerīlem agunt, labōrēs facilēs et levēs mandāvit; postquam adolēvērunt, iuvenēs officia domestica et rūstica praestitērunt.

4 Sed Rōmulus et Remus, quamquam vītam in campīs et agrīs et stabulīs agēbant, nec in labōrēs servīlēs nec in vītam humilem nātī esse vidēbantur. 5 Iam inde ab initiō Faustulō spēs fuerat stirpem rēgiam in casā suā ēducārī, sed rem immātūram aperīre nōluit nisī per occāsiōnem aut per necessitātem. 6 Necessitās autem prior vēnit: Quod forte Remus ab Amūliī mīlitibus captus et rēgī trāditus erat (eum in aliēnōs agrōs impetum audācem fēcisse incolae dīcēbant), Faustulus Rōmulō tōtam rem aperit. 7 Rōmulus rēgī crūdēlī dolum nectit aliīsque cum pāstōribus impetum vehementem in eum facit; Remō ē custōdiā līberātō frātrēs Amūlium interficiunt.

8 Numitor, postquam iuvenēs brevī tempore caedem perfēcisse vīdit, convocātō cōnsiliō scelera turpia frātris, orīginem nepōtum, caedem dēnique tyrannī ferōcis ostendit. 9 Frātres autem Numitōrī rēgnum permīsērunt et, dum omnis multitūdō cīvium cōnsentit, avum rēgem salūtāvērunt.

10 Deinde Rōmulus et Remus urbem novam condere cupīvērunt in eīs locīs, ubī expositī ubīque ēducātī erant. 11 Supererat ingēns multitūdo agrestium et pāstōrum, quōs omnēs contrahere geminī cōgitābant. 12 Intervēnit autem eīs cōgitātiōnibus avītum malum, rēgnī cupīdō, atque inde certāmen turpe exstitit. 13 Geminī erant, certābātur ergō dē prīncipātū: Uter locum urbī ēliget, moenia pōnet, urbī nōmen dabit? 14 Tum frātrēs, dum ūtrumque sua multitūdō salūtat, ab altercātiōne levī ad certāmen ācre, dēnique ad caedem turpem vertuntur. 15 Ibī in turbā ictum Remum occidisse fāma est.

A 1 Bei einer Geschichte, welche die Fortsetzung einer früher erzählten ist, stellen oft einleitende Bemerkungen die Verknüpfung mit der früheren Geschichte her.
a) Wie weit geht im ersten Absatz diese verknüpfende Einleitung?
b) Welche neuen Informationen über das Leben der Brüder Romulus und Remus erfährst du außerdem im ersten Absatz?

A 2 Versuche den zeitlichen Fortgang der Geschichte auch mit dem Wechsel in den Paraphrasen für die Namen Romulus und Remus zu erklären.

A 3 In Lektion 21 (vgl. 21 A 9) hast du erfahren, daß die Römer das Wirken der Götter oft aus Vorgängen erschlossen, die scheinbar nebensächliche Zufälle waren. Welcher scheinbare Zufall im zweiten Absatz des Textes brachte die entscheidende Wende im Leben der beiden Brüder?

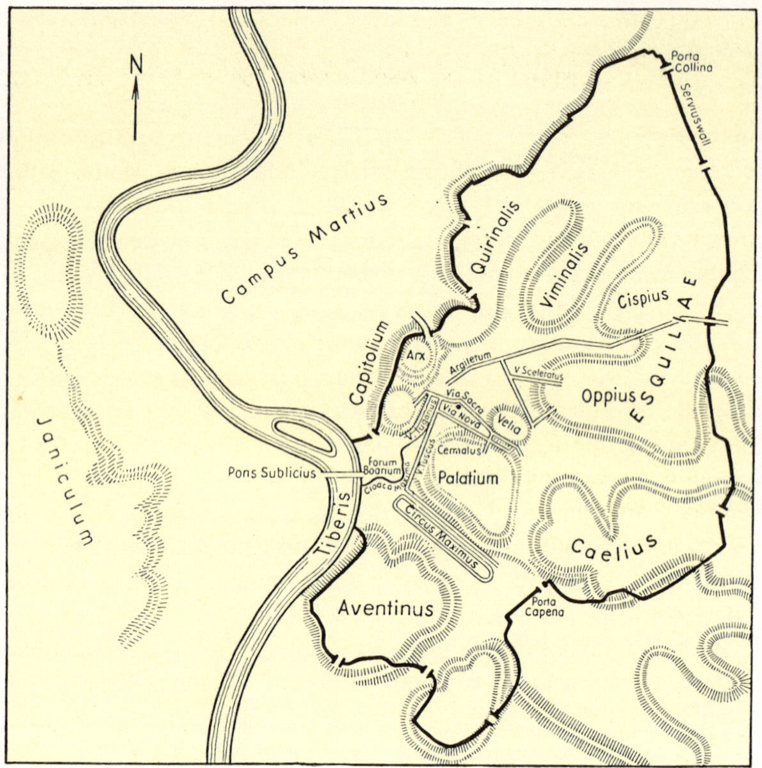

Das alte Rom: Tiber, die Sieben Hügel, der Circus Maximus zwischen zwei Hügeln, die älteste Stadtmauer

A 4 Kannst du Gründe dafür nennen, daß Romulus und Remus die Herrschaft nicht selbst übernommen, sondern Numitor wieder als König eingesetzt haben? (Beachte ihre seitherigen Lebensumstände.)

A 5 Wie setzte sich die Bevölkerung der neu zu gründenden Stadt zusammen?

A 6 a) Wie kann man aus der Wortbedeutung der griechischen Bezeichnung „Monarchie" („Alleinherrschaft") für das Königtum erklären, daß es zwangsläufig zu einem Streit zwischen den Brüdern kommen mußte?
b) Welche Regelung der Erbfolge war und ist in den Königshäusern üblich, und warum ließ sie sich nicht auf Romulus und Remus anwenden?

A 7 Die Römer haben ihre Texte nicht in Absätzen drucken können, wie es heute in Büchern üblich ist.
a) Woran könnte man aber im Text trotzdem erkennen, daß ein neuer inhaltlicher Abschnitt beginnt?
b) Versuche für jeden Absatz eine deutsche Überschrift zu finden.

A 8 Stelle (mit Angabe der Satznummer) anhand der Repetitionen und Paraphrasen der Namen Romulus und Remus fest, ob die beiden während des ganzen Textes die Hauptträger der Handlung sind.

A 9 Schreibe aus dem Text die Adjektive, die nicht zur a- und o-Deklination gehören, zusammen mit ihren Beziehungswörtern heraus.

a) Bei substantivierten Adjektiven gibt es kein Beziehungswort; für welches Wort des Textes trifft dies zu?

b) Ordne alle Formen nach der Reihenfolge der Deklination und bestimme mit Hilfe der Übersicht in 22 G 1 c, zu welcher Deklination diese Adjektive gehören.

→ G 1–2

Ü 1 Zum Deklinieren:

a) labor ingens – clades ingens – mare ingens
b) cursus brevis – aestas brevis – verbum breve
c) impetus acer – sagitta acris – certamen acre

Vergleiche dazu G 1.

Ü 2 Übersetze und konjugiere:

a) fortis eram et pugnabam.
b) neque crudelis neque superbus fui.
c) audax sum neque terreor.

Ü 3 Verbinde die Substantive mit der richtigen Form eines passenden Adjektivs:

Substantive:	Adjektive:
ars, arx, puer,	clarus, vehemens, gravis,
frater, corpus, nomen,	firmus, facilis, ingens,
mare, fluctus,	miser, longus, ferox, noster,
navis, opus, vita.	validus.

Ü 4 Stelle die richtige Dreier-Kombination so zusammen, daß sich ein sinnvoller Wortblock ergibt:

1. in ea	1. multitudo	1. felix
2. in eo	2. hoste	2. facili
3. ea	3. colle	3. breve
4. ea	4. pugna	4. brevi
5. cum eis	5. labore	5. ingens
6. cum eo	6. tempestatem	6. omnibus
7. sub eo	7. civibus	7. humili
8. post id	8. vita	8. forti
9. post eam	9. familia	9. vehementem
10. in ea	10. tempus	10. crudeli

Ü 5 Von vielen Adjektiven der neuen Art sind Substantive abgeleitet; manche kennst du schon. Ergänze in deinem Heft diese Liste und ermittle die deutschen Bedeutungen:

a) crudelis → crudelitas
brevis → brevitas
gravis → gravitas
facilis → facilitas / facultas => Fähigkeit
... → mobilitas
... → stabilitas

b) fortis → fortitudo
turpis → ...

23

Ü 6 Auch von Adjektiven der o- und a-Deklination sind Substantive abgeleitet. Ergänze in deinem Heft die folgende Liste und ermittle die deutschen Bedeutungen:

novitas – Neuheit von novus – neu
humanitas – ... von ...
firmitas
infirmitas
severitas
varietas
societas (von einem Substantiv abgeleitet)

Beachte gewisse Bedeutungsverschiebungen, wenn diese Wörter in anderen Sprachen auftauchen:
Englisch: humanity, infirmity, severity, society, variety.
Französisch: humanité, infirmité, sévérité, variété, société.

Ü 7 **Sententiae confusae**

Die folgenden Sprichwörter und Lebensweisheiten sind etwas durcheinander geraten, denn 1 paßt nicht zu A, 2 auch nicht zu B usw. Versuche, alle Teile wieder richtig zusammenzusetzen, und übersetze dann die so gefundenen Sprüche.

1	Medicus curat, parva cura.	A
2	Ubi bene, ignorabimus.	B
3	Mors certa, natura sanat.	C
4	Parva domus, hora incerta.	D
5	Ut salutamus, nos et mutamur in illis.	E
6	Verba docent, ergo sum.	F
7	Non scholae, ita resalutamur.	G
8	Tempora mutantur, ibi patria.	H
9	Ignoramus, exempla trahunt.	I
10	Cogito, sed vitae discimus.	K

3: Aufschrift auf einer Uhr – 7: Von dem römischen Philosophen L. Annaeus Seneca (4 v. bis 65 n. Chr.) – 9: Von Emil Du Bois-Reymond, einem deutschen Naturwissenschaftler (1818–1896); aus seinem Buch über die Grenzen des Naturerkennens, 1872 – 10: Von René Descartes (= Renatus Cartesius), dem französischen Mathematiker und Philosophen (1596–1650).

Ü 8 Stelle Gegensatz-Paare zusammen, indem du zu den folgenden Adjektiven das Gegenteil suchst (vgl. die Muster!):

magnus – parvus
multi
pauper
antiquus
bonus
altus
obscurus
longus

certus – incertus
firmus
iustus
humanus

Ü 9 Zeichne die Satzbilder zu den Sätzen T 2, T 3 und T 9.

Z 1 Kalenderblatt zum 21. April

23

Publius **Ovidius** Naso, ein berühmter Dichter zur Zeit des Kaisers Augustus (er lebte von 43 v. Chr. bis 18 n. Chr.), verfaßte ein Werk, in dem er alle Feiertage, Festbräuche und die mit ihnen verknüpften Sagen erklären wollte. Der folgende Ausschnitt gehört zum 21. April, an dem die Gründung der Stadt gefeiert wurde.

Iam luerat poenas frater Numitoris, et omne
pastorum gemino sub duce vulgus erat.
Contrahere agrestes et moenia ponere utrique
convenit. Ambigitur, moenia ponat uter.
„Nil opus est" dixit „certamine" Romulus „ullo;
magna fides avium est. Experiemur aves."
Res placet: Alter adit nemorosi saxa Palati,
alter Aventinum mane cacumen init.
Sex Remus, hic volucres bis sex videt ordine. Pacto
statur, et arbitrium Romulus urbis habet.
(...)
Augurio laeti iaciunt fundamina cives,
et novus exiguo tempore murus erat.
Hoc Celer urget opus, quem Romulus ipse voca(ve)rat.
(...) Remus humiles contemnere muros
coepit et „his populus" dicere „tutus erit?"
Nec mora, transiluit. Rutro Celer occupat Remum:
Ille premit duram sanguinolentus humum.

Palatium, Aventinus: zwei der sieben Hügel Roms (vgl. Karte zu T) – Celer: „der Schnelle", Gehilfe des Romulus.

Z 2 Martial: Epigramme

a) Sum, fateor, semperque fui, Callistrate, pauper,
sed non obscurus nec male notus eques,
sed toto legor orbe frequens et dicitur „hic est",
quodque cinis paucis, hoc mihi vita dedit...

b) Laudat, amat, cantat nostros mea Roma libellos,
meque sinus omnis, me manus omnis habet.
Ecce rubet quidam, pallet, stupet, oscitat, odit.
Hoc volo: Nunc nobis carmina nostra placent!

c) Non amo te, Sabidi, nec possum dicere qua re;
hoc tantum possum dicere, non amo te.

d) Nuper erat medicus, nunc est vispillo Diaulus:
Quod vispillo facit, fecerat et medicus.

e) Semper pauper eris, si pauper es, Aemiliane.
Dantur opes nulli nunc nisi divitibus.

ⓘ Marcus Valerius **Martialis,** ein Dichter des 1. Jahrhunderts nach Christus, war ein recht erfolgreicher Dichter, wurde aber zu seinem Leidwesen kein reicher Mann. Das hing unter anderem mit der manchmal sehr boshaften Art seiner Gedichte zusammen, die ihn nicht gerade beliebt machten bei vielen seiner Zeitgenossen – aber gerade das wollte er ja offensichtlich (b: hoc volo).

24 T Dē Samaritānō misericordī

1 Eō itinere, quod ab Ierusalēm per montēs ūsque ad Ierichō dūcit, cottidiē
multī hominēs īre solent. 2 In eā viā multa perīcula viātōribus imminent;
latrōnēs enim īnsidiās parant, hominēs opprimunt, pecūniās et iūmenta
rapiunt.
3 Aliquandō homō quidam ībat ab Ierusalēm in Ierichō et incidit in latrōnēs,
quī eum dēspoliāvērunt; plāgās quoque eī imposuērunt et abiērunt; sēmivīvum
eum relīquērunt. 4 Forte sacerdōs eādem viā ībat et, quamquam illum vīderat,
praeteriit. 5 Paulō post similī modō etiam levita ad illum locum veniēbat et
virum saucium vīdit, trānsiit autem. 6 Samaritānus dēnique iter faciēbat et,
postquam virum spoliātum et vulnerātum vīdit, misericordiā mōtus est.
7 Adiit et hominem cūrāvit, vulnera eius alligāvit; virum deinde in iūmentum
suum imposuit et sēcum dūxit, ipse iuxtā iūmentum pedibus iit ad stabulum
proximum; ibī cūram vulnerātī habuit.
8 Posterō diē Samaritānus iter pergere dēbēbat neque diutius manēre potuit;
itaque aegrōtum stabulāriō mandāvit eīque duōs dēnāriōs dedit dixitque:
9 „Cūrā eum! Hanc pecūniam tibi impendere licet; sī duo dēnāriī nōn suppe-
ditābunt, tibi cūncta solvam; brevī enim redībō eādem viā.“ 10 Stabulārius,
quī prōpositum probāvit, „sine cūrā ī“, inquit, „egō cūncta peragam.“ 11 Sīc
ille homō paene periit, sed misericordiā Samaritānī servātus est.

A 1 Weshalb stehen im ersten Absatz die Prädikate im Präsens, obwohl die Geschichte, die Jesus erzählt, von ihm aus gesehen in der Vergangenheit spielt?
Welche Funktion im Text kommt dem ersten Absatz zu?

A 2 a) Gib an, in welcher Reihenfolge die Personen des Stückes in die Handlung eintreten.
b) In welchem gemeinsamen Hintergrund befinden sie sich, bevor sie in den Vordergrund der Handlung treten (vgl. 12 G 3)?
c) Wie werden die auftretenden Personen gekennzeichnet?
Werden Personen auch nicht näher bestimmt?
Welche Schlüsse soll der Zuhörer (Leser) aus dieser Kennzeichnung ziehen?

A 3 Versuche durch Abtrennung der dir bekannten Personalendungen und Tempuszeichen den Präsens- und Perfektstamm des Verbs ire zu gewinnen.
Worin unterscheiden sich die Tempuszeichen dieses Verbs von den Tempuszeichen der Verben, die den gleichen Stammauslaut haben?

→ G

A 4 Schreibe die Repetitionen für homo quidam (T 3) auf und suche die Paraphrasen (auch die in der Form eines Pronomens) heraus. Zeige damit, daß die gesamte Handlung des Stückes sich im Bezug auf diese Person entwickelt. Wer aber ist der „Titelheld“? Weshalb tritt er so spät auf?

A 5 Zähle alle guten Taten des Samaritaners in der Reihenfolge des Textes auf. Inwiefern kann man in der Reihenfolge eine stetige Steigerung in der Hilfsbereitschaft finden?

24

Straßenschilder von heute

ⓘ **Jericho,** eine sehr alte Stadt, liegt nordöstlich von **Jerusalem;** der Weg führt durch das Gebirge. – Zwischen den Bewohnern der beiden Provinzen Judäa und Samaria bestand seit alters eine gewisse Feindschaft: Die Kultgemeinschaft der **Samariter** stimmte nicht voll mit dem Glauben der Einwohner von Judäa überein und besaß auch einen eigenen Tempel, während für alle anderen Juden der Tempel in Jerusalem als ihr Haupttempel galt.

Ü 1 Suche die passenden Bedeutungen:

i
it
ita
iter
iterum
itinera
itinerarium, -i, n. Reisetagebuch

Ü 2 Übersetze und konjugiere:

a) Venio et eo.
b) Manebo, non ibo.
c) Adii, nec fugi.
d) Praetereo, non intro.
e) Postquam redii, ēdi.
f) Paene perii, sed servatus sum.

Ü 3 Beachte Ähnlichkeiten und Doppelbedeutungen: i, ii, is, iis, it, iit, id, ite, iter, itaque, isti, ibis, ira, ieram, ibatis, itis, istis.

Ü 4 Das Verb ire eignet sich gut zur Demonstration einer sog. Wortfamilie: Dabei handelt es sich um eine Gruppe von Wörtern, die alle von einem gemeinsamen Wortstamm hergeleitet werden.

a) Verben:

abire	– weggehen	interire	– untergehen
adire	– herangehen	obire	– entgegengehen
anteire	– vorangehen	praeterire	– vorbeigehen
circumire	– umgehen	prodire	– vorgehen
exire	– herausgehen	redire	– zurückkehren
inire, introire	– hineingehen	subire	– daruntergehen
		transire	– vorübergehen, hinübergehen

b) Substantive verschiedener Arten:

aditus, -us – Zugang	introitus
circuitus	reditus
exitus	transitus
interitus	

Die deutschen Bedeutungen sind leicht zu erschließen!

comitium	– Versammlungsplatz (in Rom)
exitium, -i, n.	– (schlechter) Ausgang
initium	– Anfang
comes, comitis	– Begleiter
iter, itineris	– Reise, Weg, Marsch
seditio, -onis	– (Auseinandergehen), Zwietracht, Aufruhr

Ü 5 Unterscheide

a) Komposita von esse,

b) Komposita von ire (vgl. Ü 4),

c) andere Wörter:

abes, abis, abestis, abistis, abeunt, aberunt, abierunt, afuerunt, eximus, exitus, redi, dedi, audi, dedistis, redistis, deeras, dederas.

Ü 6 a) Suche die Bedeutungen der Wörter, die zum Verb ire gehören: Abitur, Abiturient, Initiale, Initiative, Präteritum, Transit, Transitivität.

b) Suche die Herkunft folgender Wörter und ermittle ihre Bedeutung (21–24 W):

Mandat	Optimist	akzeptieren	Konsens
Justiz	nobel	Restitution	Kontraktion
Republik	Autorität	Okkasion	Intervention
Auktion	konservativ	vehement	Perfektion
Motor	zivil	existieren	ostentativ
Subjekt	Kult, Kultur	Okzident	

Ü 7 Wiederhole 22 G 3 und übersetze; wähle dir dabei eine der drei Übersetzungsmöglichkeiten aus:

a) Remo a militibus capto Faustulus Romulo totam rem aperuit.

b) Amulio interfecto omnis multitudo civium Numitorem regem salutavit.

c) Regno Numitori permisso fratres novam urbem condere cupiebant.

d) Multitudine ingenti hominum contractā fratres fundamenta novae urbis iacere cogitabant.

e) Remo interfecto Romulus novae urbi nomen suum dedit.

Solche Partizipial-Konstruktionen haben oft die Aufgabe, die vorangehenden Ereignisse kurz zusammenzufassen und dann zu einer neuen Handlung überzuleiten. In solchen Fällen ist die Übersetzung durch eine adverbiale Bestimmung angebracht.

Ü 8 Adjektive auf -ilis oder -bilis sind von Verben abgeleitet und bezeichnen eine passive Möglichkeit: **24**

tolerabilis (von tolerare, 20 W 4) – was ertragen werden kann, erträglich

Erschließe die deutschen Bedeutungen und die zugrundeliegenden Verben:

facilis	habitabilis	spectabilis
docilis	mobilis	amabilis
terribilis	credibilis	solubilis
optabilis	mutabilis	vulnerabilis

Auch in verneinter Form:

incredibilis	indelebilis
indocilis	inexpugnabilis
inhabitabilis	

Von diesen Adjektiven stammen auch zahlreiche Fremdwörter, z.B. stabil, Stabilität; mobil, Automobil, Mobilität, Immobilien; flexibel, Flexibilität.

Z 1 Aliae sententiae (III)

1. Medio tutissimus ibis.
2. Mala herba non interit.
3. Sic itur ad astra.
4. *Warnung an einen neugewählten Papst. Man verbrennt ein Stück Werg und spricht dazu:* Sic transit gloria mundi.
5. *Eine Lebensregel des römischen Dichters Horaz:* Carpe diem!
6. Dies diem docet.
7. Nondum dierum omnium sol occidit.
8. *Der Kaiser Titus (regierte 79–81 n. Chr.) bekannte bei der Rückschau auf einen abgelaufenen Tag:* Diem perdidi.
9. *Ein Sprichwort, das schon die Lebensregel des griechischen Malers Apelles (4. Jh. v. Chr.) gewesen sein soll:* Nulla dies sine linea!
10. Bellum omnium contra omnes.
11. *Eine Erfahrung von Cicero:* Amicus certus in re incerta cernitur.
12. *Ein Stoßseufzer des römischen Dichters Iuvenal (1./2. Jh. n. Chr.):* Difficile est satiram non scribere.
13. *Verzweifelter Ausruf Ciceros anläßlich der sog. Catilinarischen Verschwörung im Jahre 63 v. Chr.:* O tempora, o mores!
14. Vita brevis, ars longa.
15. Non omnia possumus omnes.
16. *Nach einer Anekdote wurde Bias, einer der griechischen Sieben Weisen, aufgefordert, möglichst viel von seinem Eigentum zu retten; er sagte daraufhin:* Omnia mea mecum porto.
17. Naturalia non sunt turpia.
18. Est modus in rebus, sunt certi denique fines.
19. Omnes eodem cogimur.
20. Tua res agitur, paries cum proximus ardet.

(18–20 *von Horaz)*

21. Veritatis simplex est oratio.
22. *Der Augsburger Religionsfriede von 1555 gab den Landesfürsten das Recht, ihren und ihrer Untertanen Glauben selbst zu bestimmen:* Cuius regio, eius religio.

24 Z 2 **Muli et latrones**

Ibant duo muli graviter onerati; unus fiscos cum pecunia, alter saccos hordeo completos portabat. Primus mulus celso capite eminebat quasi dives, et collo suo tintinnabulum iactabat. Alter mulus quietus et placidus post socium suum incedebat.
Subito ex insidiis latrones advolant et inter pugnam primum mulum ferro vulnerant; nummos diripiunt, sed hordeum neglegunt.
Tum mulus vulneratus et spoliatus fortunam suam deflebat, sed alter „ego gaudeo", inquit, „quod latrones me contempserunt. Nam nihil amisi neque vulnere laesus sum."
Fabula docet: Tuta est hominum paupertas, divitiae autem hominibus periculosae sunt.

Z 3 **Equus et asinus**

Ad forum longinquum agricola equum et asinum saccis oneratos agitabat. Asinus, qui magnum onus portabat, equum oravit: „Defessus sum et onus meum portare non iam possum. Leva me parva parte oneris mei!" At equus preces comitis repudiavit. Paulo post asinus in via concidit; deinde agricola toto asini mortui onere equum insuper oneravit.
Is fortunam suam deplorabat et secum considerabat: Cur tam crudelis, tam asper fui? Cur socio non in tempore adfui? Nunc ipse nimio onere laboro.

Namensregister

Abkürzungen der häufigsten römischen Vornamen: C. = Gaius (17 i 2), L. = Lucius, M. = Marcus, P. = Publius, Q. = Quintus, T. = Titus, Tib. = Tiberius.

Aegeus, König von Athen 20 T, 20 ⓘ 1
Aeneas, -ae, Held aus Troja 18 T, 18 ⓘ 2-4, 18 Z 1, 21 T, 21 Ü 1
Aesopus, griech. Fabeldichter 19 ⓘ
Alba Longa, Stadt in Latium 18 T, 18 Z 1
Albani reges, Könige von Alba Longa 18 Z 1
Amulius, Herrscher in Alba Longa 21 T, 23 T, 24 Ü 7
Aphrodite (gr.), griech. Göttin 18 ⓘ 2
Apollo, -inis, griech. Gott 22 Z 1, 22 ⓘ 4
Ariadne, Tochter des Minos 20 ⓘ 2
Ariovistus, König der Sueben 17 ⓘ 3
Ascanius, Sohn des Aeneas 18 T, 18 ⓘ 2
Athena, griech. Göttin (= Minerva) 12 T, 12 ⓘ 2, 20 T,
Athenae, -arum, Hauptstadt von Attica 12 T, 12 ⓘ 1, 20 T, 20 ⓘ 1+3, 22 T, 22 Z 1
Athenienses, -ium, Bewohner von Athen 22 T, 22 Z 1, 22 ⓘ 3
Attica, griech. Landschaft 12 T, 12 ⓘ, 12 Ü 4, 20 T, 20 ⓘ 1, 20 Ü 6, 22 ⓘ 3
Augustus, röm. Kaiser 15 ⓘ 1, 18 ⓘ 6, 18 Z 2, 21 Ü 2

Baccus, röm. Gott (= Dionysos) 12 T, 12 ⓘ 2, 21 Ü 1
Britanni, Bewohner Englands 17 T, 17 ⓘ 1
Britannia, England 17 ⓘ 1

Caesar, -is, röm. Staatsmann 14 Z, 17 T, 17 ⓘ 1-3, 18 ⓘ 2 u. 6, 20 Z
Cato, -onis, röm. Politiker 5 T, 5 ⓘ 2
Cecrops, -pis, König von Athen 20 T
Ceres, -eris, röm. Göttin 12 T, 12 ⓘ 2
Cicero, -onis, röm. Politiker 20 Z, 24 Z 1
Codrus, König von Athen 20 T, 22 T, 22 Z 1
Creta, griech. Insel 20 T, 20 ⓘ 2

Dardanus, Gründer Trojas 18 ⓘ 8
Darius, König der Perser 22 T, 22 ⓘ 1+5
Delphi, -orum, Ort in Griechenland 22 ⓘ 4
Demaratus, ein Spartaner 22 T, 22 ⓘ 1
Dionysos (gr.), griech. Gott (= Bacchus) 12 ⓘ 2

Erechtheus (gr.), König von Athen 20 T
Etrusci, Bewohner Etruriens (in etwa das Gebiet der Toscana) 21 T, 21 ⓘ 1

Faustulus, Hirt in Latium 21 T, 23 T, 24 Ü 7

Gallia, Gallien 17 ⓘ 2
Germani, Germanen 10 T, 17 T, 17 ⓘ 3
Germania, Germanien 10 T, 17 ⓘ 2
Graeci, Griechen 12 T, 20 Ü 2, 22 T, 22 Z 2, 22 ⓘ 2, 4, 5
Graecia, Griechenland 20 T

Hector, -oris, Prinz von Troja 20 Ü 2
Herakles, (gr.) (= Hercules) 12 ⓘ 2
Hercules, -is, griech. Sagenheld 12 ⓘ 2
Hermes (gr.), griech. Gott (= Mercurius) 12 ⓘ 2
Hippokrates (gr.), griech. Arzt 20 Z
Homerus, griech. Dichter 18 ⓘ 1
Horatius, röm. Dichter 20 Z, 21 Ü 1, 24 Z 1

Iericho, (nicht dekl.) Stadt in Israel 24 T, 24 ⓘ
Ierusalem, (nicht dekl.) Stadt in Israel 24 T, 24 ⓘ
Iulus, Sohn des Aeneas (= Ascanius) 18 ⓘ 2
Iuno, -onis, röm. Göttin 12 ⓘ 2, 18 T, 18 ⓘ 3
Iuppiter, Iovis röm. Gott, Göttervater 11 ⓘ, 12 T, 12 ⓘ 2, 12 Ü 4, 13 T, 14 T, 18 T

Lacedaemonii, Bewohner der Gegend um Sparta 20 T, 20 ⓘ 3, 22 Z 1–2
Larentia, Frau des Faustulus 21 T
Latini, Bewohner von Latium 21 T
Latinus, König von Latium 18 T, 18 ⓘ 4
Latium, Landschaft in Mittelitalien 11 ⓘ, 18 T, 18 ⓘ 3–4, 21 ⓘ 1
Lavinia, Tochter des Königs Latinus, Ehefrau des Aeneas 18 ⓘ 4
Lavinium, Stadt in Latium 18 T, 18 ⓘ 4
Libya, nordafrikan. Landschaft 18 T, 18 ⓘ 3

Marathon, -onis, Ort in Attica 22 T, 22 ⓘ 1+3
Mars, Martis, röm. Gott 18 ⓘ 8, 21 T, 21 ⓘ 2, 23 T
Martialis, -is, röm. Dichter 23 Z 2
Mercurius, röm. Gott (= Hermes), 12 T, 12 ⓘ 2
Minerva, röm. Göttin (= Athena), 12 T, 12 ⓘ 2, 20 Ü 6
Minos, -ois, König von Kreta 20 T, 20 ⓘ 2
Minotaurus, Ungeheuer der griech. Sage 20 T, 20 ⓘ 2
Musae, Beschützerinnen der Künste 22 ⓘ 4

Neptunus, röm. Gott (= Poseidon) 12 T, 12 ⓘ 2, 20 T, 20 Ü 6
Nero, -onis, röm. Kaiser 17 Ü 4
Nida, röm. Siedlung in Germanien 10 T, 10 ⓘ 4
Numitor, -oris, König von Alba Longa 18 Z 1, 18 ⓘ 8, 21 T, 23 T, 23 Z 1, 24 Ü 7

Odysseus (gr.), griech. Sagenheld (= Ulixes) 20 Ü 2
Olympia, Ort der griech. Wettkämpfe 12 ⓘ 3
Olympus, Berg in Nordgriechenland 12 T, 12 ⓘ 2–3, 14 T, 18 Z 1
Ovidius, röm. Dichter 23 Z 1

Pandion, -onis, König von Athen 20 T
Persae, -arum, Perser 22 T, 22 ⓘ 1+3+5, 22 Z 2
Phaedrus, röm. Fabeldichter 19 ⓘ
Poseidon, -onis, griech. Gott (= Neptunus) 12 ⓘ 2

Proca(s), König von Alba Longa 18 Z 1, 18 ⓘ 8, 21 T

Rea Silvia, Tochter des Numitor 21 T
Remus, Bruder des Romulus 21 T, 21 ⓘ 2, 23 T, 23 Z 1, 24 Ü 7
Roma, Stadt in Latium 14 Z, 16 Ü 2, 17 Ü 4, 18 T, 18 ⓘ 4, 18 Z 1, 21 ⓘ 1
Romani, Bewohner Roms 9 T, 17 T, 18 T, 21 ⓘ 1, 23 T
Romulus, Gründer Roms 16 Z, 16 ⓘ 2, 18 T, 18 Z 1, 21 T, 21 ⓘ 2, 23 T, 23 Z 1, 24 Ü 7

Samaritani, Bewohner von Samaria (Israel) 24 T, 24 ⓘ
Saturnus, röm. Gott 11 T, 11 ⓘ, 14 T
Sparta, Hauptstadt der Spartaner (südöstliche Peloponnes) 20 ⓘ 3
Spartani, Bewohner Spartas 20 ⓘ 3
Suebi, germanischer Stamm 17 T, 17 ⓘ 3

Tacitus, röm. Geschichtsschreiber 15 T, 15 ⓘ 1
Themistocles, -is, athen. Politiker 22 T, 22 ⓘ 2
Thermopylae, -arum, Engpaß in Mittelgriechenland 22 Z 2, 22 ⓘ 5
Theseus, -ei, König von Athen 20 T, 20 ⓘ 1, 20 Ü 6
Thucydides, -is, griech. Geschichtsschreiber 20 T, 20 ⓘ 3, 20 Ü 6
Tiberis, -is, Fluß in Latium 21 T, 21 ⓘ 1, 23 T
Troia, Stadt in Kleinasien 18 T, 18 ⓘ 1+8, 20 Ü 2, 21 Ü 1, 22 Z 1
Troiani, Bewohner Trojas 18 T, 20 Ü 2

Ulixes, -is, griech. Sagenheld (= Odysseus) 20 Ü 2

Velleius Paterculus, röm. Geschichtsschreiber 18 Z 2, 22 Z 1
Venus, Veneris, röm. Göttin (= Aphrodite) 12 ⓘ 2, 18 T, 18 ⓘ 2
Vergilius, röm. Dichter 18 T, 18 ⓘ 3+5, 18 Z 1
Vesta, röm. Göttin 21 T, 21 ⓘ 3

Xerxes, -is, König der Perser 22 ⓘ 5

Zeus (gr.) (= Iuppiter), griech. Gott 12 ⓘ 2

Sachregister

Ämterlaufbahn 18 ⓘ 7
Briefstil 10 ⓘ 1
Centuria 15 T
Centurio 9 ⓘ, 10 T, 15 T, 15 ⓘ 2
Circus Maximus 8 ⓘ
Consul 18 ⓘ 7, 18 Ü 5
Curla 18 ⓘ 7
Datumsangabe 10 ⓘ 2
Fabel 19 ⓘ
Forum 16 ⓘ 2, 18 ⓘ 7
Hügel von Rom 8 ⓘ, 17 Ü 4, 23 Z 1, 23 Bild
Kalender 10 ⓘ 2
Kastell 9 T, 9 ⓘ, 10 T, 10 ⓘ 3
Lakonische Sprache 22 Z 2
Legat 9 ⓘ
Legion 9 ⓘ, 15 Bild
Limes 9 ⓘ
Magistrat 18 ⓘ 7
Orakel 22 Z 1, 22 ⓘ 4
Peloponnesischer Krieg 20 ⓘ 3
Perserkriege 22 ⓘ 2, 22 ⓘ 3, 22 ⓘ 5, 22 Z 2
Pferderennen 7 ⓘ, 8 T
Saalburg 9 Bild, 10 ⓘ 3
Senat 18 ⓘ 7
Sklaven 1 ⓘ, 3 T, 5 T
Stundenzählung 5 ⓘ 1
Tribun 9 T, 9 ⓘ, 10 T
Vilicus 5 ⓘ 3
Wagenrennen 16 T, 16 ⓘ 1
Zeitalter 11 T, 13 T, 14 T, 14 ⓘ, 18 ⓘ 5

Bildquellen
Fotos: S. 5 Staatliche Sammlungen Koblenz – S. 6 Archaeological Receipts Fund, Athen – S. 8 M. Allegrini, Yverdon – S. 12, 74 l, 75 Fratelli Alinari, Florenz – S. 13, 54, 82 Deutsches Archäologisches Institut Rom – S. 17 The British Museum, London – S. 21 aus: Dal Maso. Das Rom der Cäsaren. Bonechi, Florenz – S. 23 Bildarchiv Foto Marburg – S. 28 aus: Cichorius, Die Reliefs der Trajanssäule. Walter de Gruyter & Co., Berlin – S. 33 Giraudon, Paris – S. 37 l Privatbesitz – S. 37 r Hirmer Verlag, München – S. 45 Biblioteca Vaticana – S. 47 Saalburgmuseum, Bad Homburg – S. 49 Rheinisches Landesmuseum, Bonn – S. 58 Staatliche Münzsammlung, München – S. 62 Hachette, Paris – S. 65, 72 Kunsthistorisches Museum Wien – S. 77 Prähistorische Staatssammlung, München – S. 80 Ludwig, Frankfurt/Main – S. 91 René Burri-Magnum – Die Fotos auf S. 12 und 33 wurden uns von der Hamlyn Group, Middlesex, zur Verfügung gestellt, das Foto S. 56 vom Seminar für Griech. und Röm. Geschichte der Universität Frankfurt, das Dia für die Abbildung S. 16 von Frau Dr. Marie-Louise Plessen, Berlin.
Zeichnungen: S. 4, 11, 19, 27, 32, 40, 44, 59, 60, 69, 74 r, 79, 94 Manfred Damm, Bad Nauheim – S. 25, 86 Oskar Schmidt, Neu-Isenburg – S. 30 E. Horath, Esslingen.

DAS RÖMERREICH
Limes als zusammenhängende Grenzbefestigung
Limes in der Form von Einzelkastellen
0 100 200 300 400 500 Km
Vistula
Viadua
I A
tava
Vindobona
nonia
SARMATIA
SCYTHAE
Dacia
Danuvius
Moesia
llyricum
Thracia
HELLESPONTUS
BOSPORUS
Byzantium
PONTUS EUXINUS
COLCHI
Pontus
Zela
Ancyra
Galatia
Phrygia
Lydia
Troia
Macedonia
Dyrrhachium
Thessalonica
Olympus
Brundisium
raclea
TICUM
Epirus
Thermopylae
Actium
Delphi
Marathon
Athenae
Olympia
Achaia
Sparta
MARE IONIUM
sae
Ephesus
Miletus
Maeander
Rhodus
Creta
Cyprus
Issus
Antiochia
Syria
PARTHI
Euphrates
Samaria
Tyrus
Jericho
Jerusalem
Iudaea
Arabia
Libya
Aegyptus
Nilus